마틴 로이드 존스의

내 구주 예수

마틴 로이드 존스의 내 구주 예수

지은이 | 마틴 로이드 존스
옮긴이 | 홍종락
초판 발행 | 2021. 11. 17
등록번호 | 제1988-000080호
등록된 곳 | 서울시 용산구 서빙고로65길 38
발행처 | 사단법인 두란노서원
영업부 | 2078-3333 FAX | 080-749-3705
출판부 | 2078-3332

책값은 뒤표지에 있습니다.
ISBN 978-89-531-4088-2   03230

독자의 의견을 기다립니다.
tpress@duranno.com   www.duranno.com

두란노서원은 바울 사도가 3차 전도 여행 때 에베소에서 성령 받은 제자들을 따로 세워 하나님의 말씀으로 양육하던 장소입니다. 사도행전 19장 8-20절의 정신에 따라 첫째 목회자를 돕는 사역과 평신도를 훈련시키는 사역, 둘째 세계선교™와 문서선교 단행본 · 잡지 사역, 셋째 예수문화 및 경배와 찬양 사역, 그리고 가정 · 상담 사역 등을 감당하고 있습니다. 1980년 12월 22일에 창립된 두란노서원은 주님 오실 때까지 이 사역들을 계속할 것입니다.

복음의 핵심을 묵상하는 대림절

MAGNIFY THE LORD

마틴 로이드 존스의

내 구주 예수

마틴 로이드 존스 지음

홍종락 옮김

두란노

차 례

마틴 로이드 존스 목사를 생각하면 머릿속에 가
장 먼저 "온유한 증기 롤러gentle steamroller"라는 문구가
자연스레 떠오른다.

나는 목회 사역을 시작하고 아주 초창기, 그러니
까 뉴올리언스의 신학생 시절에 웨일스 출신의 유명
한 설교자 D. 마틴 로이드 존스에 관한 책을 우연히
접했다. 당시에 나는 설교자로서의 길을 모색하고

'마리아의 찬가'에서
울려 퍼지는
그리스도의 진면목

있었고 어떻게 하면 그리스도의 나라에 계속 기여하는 사역을 할 수 있을지 분별하려 애쓰면서 기도하고 있었다. 또한 존경하는 인물들, 어떤 식으로든 닮고 싶은 목사와 교사들의 전기도 많이 읽었다. 로이드 존스의 전기도 그 무렵 읽었는데, 글을 읽으면서 "온유한 증기 롤러"라는 문구가 마음에 확 들어왔다.

로이드 존스는 금요일 저녁마다 그가 목회하던

런던의 웨스트민스터교회에서 토론 시간을 가졌다. 그 시간들은 이 책에 실린 것과 같은 주일 오전의 강해 설교 때와 분위기가 사뭇 달랐던 것 같다. 사람들은 성경, 신학, 인생살이의 다양한 이슈를 가지고 대화를 나누고 묻고 논쟁도 했다.

이 모임에 오랫동안 죽 참석했던 한 사람은 자신은 그 시간에 한 번도 입을 열어 질문을 하거나 논의에 뛰어들지 않았다고 밝혔다. 그 이유를 묻는 로이드 존스 부인에게 그 사람은 "증기 롤러의 길을 막아서는 것은 지혜롭지 못한 일이라고 생각했습니다"라고 답했다. 그러고선 재빨리 그 말이 무슨 의미인지 보충해서 설명했는데, 그 부분이 18년이 지난 지금까지도 내 뇌리에 깊이 박혀 있다. "그러나 독터 Doctor(당시 마틴 로이드 존스를 부르던 호칭-편집자)는 아주 온유한 증기 롤러였고, 신앙이 어리고 약한 이들에게 특히 친절하셨습니다."[*]

앞서 내가 "온유한 증기 롤러"를 떠올렸다고 말한

---

[*] Christopher Catherwood, *Martyn Lloyd-Jones: A Family Portrait* (Grand Rapids: Baker, 1994), p. 180.

것은 실제 증기 롤러가 아니라 그 문구의 아이러니함을 생각했다는 뜻이다. 어떤 것이 〔압도적으로 밀어붙이는 능력을 지닌〕 증기 롤러이면서 동시에 온유할 수는 없기 때문이다. 이 부분이 중요하다. 이 역설을 만족시킬 존재는 없다. 어떤 것이 온유하다면 증기 롤러일 수가 없고 그 반대도 마찬가지다. 그런데 누군가 이 설교자의 인생에서 역동성과 온유함 둘 모두를 감지했고, 그것을 역설적 문구로 표현해 냈다. 나도 예수 복음의 온유한 증기 롤러가 되어 사역하는 성령의 축복을 바랐지만 그것은 이루어지지 않았다.

이 역설은 로이드 존스만의 것이 아니었다. 런던 교회의 신도석에 앉아 있던 그 사람이 본 것은 성령께서 한 설교자와 씨름하여 그를 그리스도의 형상으로 빚어 가시는 모습이었다 (롬 8:29). 생각해 보면 성경에서 예수님을 묘사할 때도 이처럼 모순처럼 보이는 표현들을 사용했다. 그분은 맹수이자 먹잇감, 제사장이자 제물, 왕이자 종이시다. 성경이 보여 주는 예수님은 사람들이 두려움을 느끼고 산으로 달아나도록 만드시는 분(눅 21:20-22)인 동시에 제자들의 발에 묻은 똥과 흙먼지를 참으로 부드럽게 씻어 주시는 분(요 13:1-17)이다. 예수님에 관한 이처럼 서로 상반된 듯한 여러 묘사들 때문에 읽는 이들이 혼란스러울 수 있는데, 로이드 존스는 성경 강해에서든 논쟁의 자리에서든 회피하지 않고 이 혼란스러움을 다루었다.

나도 몇 년 전 요한계시록 연속 설교를 진행하면서 이와 비슷한 혼란과 긴장을 느꼈다. 내 기준에서 볼 때 이 연속 설교는 진행 기간이 길었다. 물론 성경 구절들을 곱씹어 가며 몇 년씩 설교를 이어 갔던 로이드 존스에 비하면 '짧은 개요' 수준이었지만 말이다.

그럼에도 불구하고 나는 성탄절 시즌을 앞두고 이 설교를 잠시 중단해야 하는 것은 아닐지 고민했다. 이유인즉 그즈음 내 연속 설교는 피를 불사하는 정복의 전사, 메시아이자 원수들을 멸절하시는 예수님에 관한 내용이었다.

식료품 가게에서는 빙 크로스비가 낭만적인 저음으로 부르는 캐럴 〈오 베들레헴 작은 골〉이 끝없이 흘러나왔고, 우리 집에서 두 집 건너에 서 있는 공기 주입 산타 모형에 이르기까지 온 거리에 축하 분위기가 넘쳐 났다. 이런 상황이다 보니 내가 당시 하던 연속 설교 내용은 성탄절 시즌에 너무나 어울리지 않는 것 같았다.

연속 설교를 중단하고 묵시록에서 잠시 벗어나 건초 위에서 잠자는 어린 주 예수님을 부각시켜야 하는 것 아닐까? 성탄절을 앞둔 이 시기에 칼을 차고 우주적 수행단을 거느리시는 그리스도에 관해 가르치는 것은 부적절한 일 아닐까?

그분은 자기 백성에게 메시아의 만찬을 베푸신 후에 새들을 먹일 원수들의 살flesh 잔치를 준비하시지 않는가?(계 19:17-19) 미국 남부의 상황에 맞게 해석한 "곡과 마곡"(계 20:8; 불신 세력을 규합하여 하나님의 백성을 대적하는 지상 최후의 전쟁, 곧 아마겟돈 전쟁을 일으킬 적그리스도 세력-옮긴이)에 관해 내가 하는 설교를 듣고 난 후에 타이니 팀(찰스 디킨스의 《크리스마스 캐럴》에 나오는 등장인물. 스크루지의 직원 밥 크레치의 막내아들-옮긴이)이 "하나님, 우리 모두에게 복 내려 주세요"라고 외치는 장면을 상상하기는 어렵다.

하지만 예수님은 우리의 '프로크루스테스의 침대'(그리스신화에 나오는 여관 주인. 손님에게 침대를 내주고 침대보다 작으면 잡아 늘이고 침대보다 크면 그만큼 잘라냈다. 남에게 강요하는 우리의 독단적 기준과 생각을 뜻한다-옮긴이)에 맞춰지기를 거부하신다. 예수님의 온유함을 그분의 다른 모습들과 분리해서 바라보면 자칫 비성경적이고 뜨뜻미지근한 감상주의로 변한다. 또한 예수님의 능력을 그분의 나머지 면모들과 분리해서 생각하면 우리의 그리스도가 권투선수나 심지어 깡패처럼 왜곡되고 과도하게 남성화돼 불쾌함을 안긴다.

이런 양극단으로 치우치지 않기 위한 해독제를 찾았는데, 바로 나사렛의 한 어린 처녀가 부른 노래에 담겨 있다. 하늘에서 내려온 신비한 사자가 그녀의 배 속에 오래전 약속된 생명이 자라고 있다는 메시지를 전했고, 그 소식에 인생이 완전히 바뀐 여인은 노래를 불렀다.

마틴 로이드 존스는 이 책에서 우리가 그 노래를 찬찬히 살펴보도록 도와주고, 나아가서 그녀와 함께 그 노래를 부를 수 있도록 이끌어 줄 것이다.

동정녀 마리아는 약속을 지키시는 하나님에 대한 기쁨과 그분의 나라가 모든 경쟁하는 왕좌를 뿌리 뽑으신다는 경이감을 노래에 온전히 담아 표현한다. 그 노래 안에는 온유함, 즉 성경이 경건한 여인에게 권하는 차분하고 아름다운 마음(벧전 3:1-4)도 있고, 전투 준비 명령, 그러니까 성경이 우리더러 참여하라고 촉구하는 영적 전쟁(엡 6:10-20)도 있다.

우리가 "마리아의 찬가the Magnificat"라고 부르는 그 노래는 수많은 복음주의자들에게 미스터리다. 어떤 이들은 다른 교회들이 심취한 마리아 숭배와 거리를 두는 데 집착한 나머지 구속의 드라마에서 마리아를 아예 단역 취급한다. 그들에게 그녀는 성탄절 파티에서 만나면 기쁘지만 기도를 청하고 싶지는 않은 가톨릭 친척이다.

그러나 모든 세대가 마리아를 "복이 있다"(눅 1:48)고 일컬을 것이며, 그녀가 "하나님께 은혜를 입었다"고 우리에게 말한 이는 로마 주교가 아니라 하나님의 성경이다(눅 1:28, 30).

우리가 마리아의 말에 귀를 기울이고 그녀와 함

께 노래한다면, 더없이 강하면서도 약하시고 정의로 우면서도 자비로우신 그녀의 아들의 진면목을 보게 될 것이다. 이 책은 우리를 동정녀의 노래로, 더 나 아가서 복음으로 데려간다. 베들레헴의 아기 예수와 아마겟돈의 심판자 예수 사이의 긴장을 직접 경험하 게 하는 뜻밖의 방식으로 말이다.

결국, 나는 성탄절에도 요한계시록 설교를 쉬지 않기로 했다. 내 마음을 바꿔 놓은 것은 마리아의 찬 가였고, 위대한 로이드 존스가 그 이유를 이 책에서 너무나 명료하게 다각도로 제시한다.

우리 주님의 〔이 땅에서의〕 어머니가 하나님이 그분 의 백성에게 얼마나 자비하시고 언약의 약속들을 신 실하게 지키시는지 노래하면서 찬가 전체의 분위기 가 정해졌다. 그다음 그녀는 배 속 태아 형태로 성육 하신 분 안에서 하나님이 다음과 같은 일을 행하셨 음을 노래했다. "그의 팔로 힘을 보이사 마음의 생각 이 교만한 자들을 흩으셨고 권세 있는 자를 그 위에 서 내리치셨으며 비천한 자를 높이셨고 주리는 자를 좋은 것으로 배불리셨으며 부자는 빈손으로 보내셨도다"(눅 1:51-53).

그러고 보니 마리아의 찬가는 "온유한 증기 롤러"
와 비슷하게 들린다. 독터가 그녀를 아주 잘 이해했
던 것은 이상한 일이 아니다.

러셀 무어

前 미국 남침례교 윤리와종교자유위원회 위원장

1

처음 내 영혼에
구원 복음이
들리던 날에

영혼 깊은 데서 터지는 찬양

◎

46 마리아가 이르되

　　내 영혼(soul ; 혼)이 주를 찬양하며(magnify ; 드높이며)

47 내 마음(spirit ; 영, KJV)이 하나님 내 구주를

　　기뻐하였음은

48 그의 여종의 비천함을 돌보셨음이라

　　보라 이제 후로는 만세에 나를 복이 있다

　　일컬으리로다

49 능하신 이가 큰일을 내게 행하셨으니

　　그 이름이 거룩하시며

50 긍휼하심이 두려워하는 자에게

　　대대로 이르는도다

51 그의 팔로 힘을 보이사

　　마음의 생각이 교만한 자들을 흩으셨고

52 권세 있는 자를 그 위에서 내리치셨으며

　　비천한 자를 높이셨고

53 주리는 자를 좋은 것으로 배불리셨으며

　　부자는 빈손으로 보내셨도다

⁵⁴ 그 종 이스라엘을 도우사

   긍휼히 여기시고 기억하시되

⁵⁵ 우리 조상에게 말씀하신 것과 같이

   아브라함과 그 자손에게 영원히 하시리로다

   하니라.

누가복음 1장 46-55절

▲

"마리아의 찬가"라고 불리는 노래지요. 마리아가 경배와 찬양과 흠모를 쏟아 낸 이 진술은 아주 꼼꼼히 살펴볼 만한 가치가 있습니다. 성탄절 시즌을 맞이하는 데 이 성경 구절들을 깊이 묵상하는 것보다 더 좋은 길은 아마 없을지도 모릅니다. 이 시기에 우리가 생각하고 기념하는 모든 것은 성육신의 의미와 관련이 있는데, 우리가 그것을 잘 이해하고 있는지 점검하는 데는 마리아의 찬가에 대한 우리의 반응을 살피는 것이 가장 좋은 방법입니다. 마리아는 이 짧은 분량에서 대단히 비범한 방식으로, 우리의 구원과 관련된 핵심 문제 몇 가지를 똑바로 보게 해 주기 때문입니다. 저는 바로 이 부분을 말씀드리고 싶습니다.

복음에 반응하는 단계들

대단히 흥미롭기는 하지만 오래 다룰 수 없는 내용이 많은데, 그런 것들은 간단히 언급하고 지나가겠습니다. 이를테면 마리아가 이 중대한 사건을 앞두고 어떤 단계들을 거쳤는지가 아주 흥미롭습니다.

우선, 마리아는 천사장 가브리엘이 전한 소식을 처음에는 믿지 못했습니다. 회의적이었고 망설였습니다. 물론 너무나 충격적이고 특이하고 놀라운 소식이었기 때문에 받아들일 수 없었던 그녀의 입장을 이해합니다. 그녀는 항의를 했습니다. 천사를 향해 불가능한 이야기라고 말했지요. 그러나 천사는 그녀에게 "하나님께는 불가능한 일이 없"(눅 1:37, 새번역)고, 인간적 수준에서 가능과 불가능의 범주에 갇혀 생각해서는 안 된다고 상기시켰습니다.

마리아는 자신이 지금 전혀 다른 영역에 있다는 사실을 깨달아야 했습니다. 자기 앞에 있는 존재는 평범한 인간 사절이 아니라는 것, 세상의 권력자가 보낸 특사가 아니라 하나님의 사자라는 것을 말입니다.

이 일의 결과로 마리아는 두 번째 단계에 이르렀고, 이렇게 말했습니다. "주의 여종이오니 말씀대로 내게 이루어지이다"(눅 1:38). 이는 굉장히 흥미로운 과정이며, 복음이 우리에게 다가오는 아주 전형적이면서도 특징적인 방식입니다. 처음에 복음은 불가능한 것으로 보입니다. 그러나 그다음, 우리는 그렇게 반응한 데 가책을 느끼고 이렇게 말합니다. "음, 이해는 안 됩니다만, 굴복하겠습니다."

마리아도 그랬습니다. 그녀는 여전히 이해하지 못했으나 이렇게 말합니다. "좋습니다. 당신의 말을 잘 들었습니다. 당신이 하나님에 관해 한 말이 옳다는 것과 하나님께는 불가능한 일이 없음을 압니다. 그래서 하나님 손에 저를 맡깁니다. 여전히 이해하지 못한 상태지만 기다리고 경청하고 따라갈 준비가 되었습니다." 이는 참으로 중요한 단계입니다.

그다음에 마리아는 사촌 엘리사벳을 찾아갔습니다. 엘리사벳에게 일어난 일, 특히 엘리사벳이 그녀에게 하는 다음 말을 듣고 나서 마리아에게서 이 위대한 노래, 이 위대한 찬양이 터져 나왔습니다. "여자 중에 네가 복이 있으며 네 태중의 아이도 복이 있도다 내 주의 어머니가 내게 나아오니 이 어찌 된 일인가 보라 네 문안하는 소리가 내 귀에 들릴 때에 아이가 내 복중에서 기쁨으로 뛰놀았도다 주께서 하신 말씀이 반드시 이루어지리라고 믿은 그 여자에게 복이 있도다"(눅 1:42-45).

엘리사벳을 통해 하나님은 마리아에게 천사장의 선포가 사실임을 확증해 주셨습니다. 엘리사벳의 말을 듣고서야 마리아는 진정으로 이해를 했고, "내 영혼이 주를 찬양하며 내 마음이 하나님 내 구주를 기뻐하였"다고 고백합니다(눅 1:46-47). 그러고 나서 마음을 쏟아 이 비범한 찬양과 흠모를 드렸습니다. 저는 여러분이 바로 이 대목에 주목하기를 바랍니다.

복음이 영혼을 뚫고 들어왔을 때 。

이제 마리아의 찬양에 담긴 몇 가지 특징을 살펴봅시다.

마리아가 느낀 감정의 깊이

우선, 마리아의 말에서 전해지는 감정의 깊이부터 주목해 봅시다. "내 혼이 주를 드높이며 내 영이 하나님 내 구주를 기뻐하였도다"(눅 1:46-47, KJV). 여기서 그녀는 자신의 "혼soul"과 "영spirit"을 구분했습니다. 이것은 아주 흥미로운 신학적 논점입니다. 이 부분에서 너무 오래 지체할 수는 없고 혼과 영의 구분을 근거로 지나치게 많은 주장을 내세워서도 안 되겠습니다. 하지만 혼과 영이 본질적으로 하나든 아니든, 어쨌거나 저는 이 대목을 비롯해 성경 곳곳에서 혼과 영을 구분한다는 사실을 떠올립니다.

일반적으로 혼은 이성적 능력을 가리킵니다. 혼이라는 표현을 이 대목처럼 영과 구분해서 쓸 때는 지성과 감정, 우리가 서로 어울리고 교제하고 관계

맺는 방식을 가리키려는 것입니다. 혼은 본질적으로 인간의 이성적 측면입니다.

반면에 영은 지각을 담당합니다. 무언가를 할 줄 아는 것과 이해하는 것은 다릅니다. 지식과 지각은 다릅니다. 영은 우리가 보유한 더 고차원의 기능, 우리 모두가 소유한 능력의 더 고등한 측면입니다. 여기에는 예배의 능력도 포함됩니다.

달리 말하면, 혼은 우리 주변과 주위에 존재하는 모든 것과 우리를 이어 줍니다. 인간과 동물, 역사와 세계, 우리가 볼 수 있는 모든 것과 말입니다. 이것이 혼입니다.

혹 당신이 '인간은 세 부분이 아니라 두 부분으로 구성된다'는 생각을 갖고 있다고 해도 보이지 않는 것과 영적인 것을 인식하게 하는 혼의 한 영역으로서의 영이 존재한다는 것을 인정해야 합니다. 영은 인간 안에서 가장 위대하고 가장 중요한 부분입니다.

그러니까 마리아가 "내 혼"과 "내 영"이라는 두 표현을 사용한 것은 존재의 심연과 중심에서 감동을 받았음을 의미합니다. 이것은 일반적 수준의 즐거움이나 표면적 기쁨이 아닙니다. 그녀에게 이 일은 일반적 흥밋거리 정도가 아닙니다. 그녀는 인격의 중심이자 핵심이 되는 부분에서 자신을 감동시킨 어떤 것을 깨달은 것입니다. 이것이 이 사건이 그토록 중요한 이유입니다. 이것이 구원의 좋은 소식이 혼에 미치는 영향입니다. 사람들이 복음의 본질을 정말로 이해할 때 바로 이런 영향을 받습니다.

에베소서 5장 19절(KJV)을 활용해 다르게 말해 봅시다. 단순히 "노래하는 것singing"과 마음에서 "선율을 만드는 것making melody"은 전혀 다릅니다. 우리 마음도 표면적인 부분이 있는가 하면, 인간의 전 인격의 중심인 혼과 영이 있습니다. 바로 여기에서 복음을 대하는 진정한 반응이 나옵니다. 여기가 바로 그런 반응의 발원지입니다. 그래서 우리는 마리아가 혼의 아주 깊은 곳까지 감동받았음을 알 수 있습니다. 그녀는 위엄 있고 당당하게 말합니다. 무언가 심오한 것을 인식하고 있기 때문이지요.

마리아의 말을 읽어 나가노라면 그녀가 느끼는

경외감과 경이감, 경배의 자세와 놀라움을 감지할 수 있습니다. 그녀는 이렇게 말하는 것 같습니다. "이것은 제가 지금까지 알게 된 것 중에서 가장 놀라운 일입니다! 내 혼과 영이 기쁨에 겨워 어찌할 바를 모르겠습니다!"

이런 상황에서 가장 먼저 등장하는 말이 있는데, 이 말로 우리는 자신을 점검해 볼 수 있습니다. 신약 성경을 읽어 보면 복음을 진정으로 이해한 모든 남녀가 이와 비슷한 말을 했다는 것을 알 수 있습니다. 시편 기자도 복음을 고대하며 이렇게 말합니다. "오, 내 혼아, 주를 찬송하라. 내 속에 있는 모든 것들아, 그분의 거룩한 이름을 찬송하라"(시 103:1, KJV).

저는 이와 같은 찬송을 얼마든지 더 많이 예로 들 수 있습니다. 수 세기에 걸쳐 성도들이 남긴 기록에서도 같은 내용을 찾을 수 있습니다. 그들이 모두 같은 것을 말하고 있으니, 그 내용은 옳은 것이 분명합니다. 하나님의 아들이 하늘 궁전을 떠나 이런 식으로 세상에 오신 일의 의미를 우리가 정말 이해했다면, 그 사건의 영원한 중요성과 심오함과 놀라운 성격을 조금이라도 파악했다면, 어떻게 우리의 혼과 영이 감동하지 않고 배기겠습니까!

여기서 다시 생각하게 됩니다. 교회에서조차 얼마나 이 성탄 시즌을 잘못 맞이하고 있으며, 사람들이 그저 자신에 관해 말하거나 서로에 관해 말하는 시간에 그치고 마는지 말입니다. 안 됩니다, 안 돼요! 성탄의 본질은 단순히 선의와 친절과 행복의 감정이 아닙니다. 그 본질을 제대로 파악한다면 성탄은 우리의 혼과 영이 감동할 수밖에 없는 사건입니다.

감정이 드러난 모양

다음으로, 이 감정이 어떻게 드러나는지 잠시 살펴봅시다. 두 단어가 두드러집니다. 하나는 흠모의 요소입니다. "내 혼이 주를 드높이며"(눅 1:46, KJV). 여기 나오는 '드높이다magnify'는 비범한 표현입니다. 크고 영광스럽게 만든다는 뜻입니다. 누군가는 이렇게 따질 수 있습니다. "뭐 이런 어리석은 말이 다 있죠? 사람이 어떻게 하나님을 더 크게 만들 수 있습니까?

인간은 창조주가 만든 피조물에 불과한데, 그런 존재가 어떻게 전능하신 주 하나님을 더 크게 하고 위대하게 하고 높일 수 있습니까?"

물론, 궁극적 의미에서 그런 일은 있을 수 없고 마리아도 그 사실을 알고 있습니다. 그것은 그 단어를 썼던 모든 시편 기자들도 아는 사실이었습니다. 하지만 우리가 하나님을 드높일 수 있다는 것은 어떤 의미에서 더없이 참입니다. 우리는 하나님의 위대하심과 존엄에 아무것도 보탤 수 없지만, 다른 사람들이 그것을 보도록 도울 수는 있다는 것입니다. 말하자면, 우리는 사람들의 안목과 판단과 시각에서 하나님이 더 크게 보이도록 도와주는 일종의 렌즈 역할을 할 수 있습니다.

마리아가 바로 이것을 표현하려 하고 있습니다. 그녀는 마치 이렇게 말하는 듯합니다. "내가 본 하나님의 위대함과 영광을 어떻게 알릴 수 있을까요? 나는 모두가 이 사실을 알았으면 합니다. 모두가 이것을 보았으면 합니다. 내 혼이 주를 드높입니다. 나는 그분의 위대함과 영광을 어느 정도라도 표현하기 위해서 내가 찾을 수 있는 모든 언어를 쓰겠습니다."

그러므로 '드높이다'는 사람들이 하나님을 제대로 알고 보기를 바라고, 하나님이 어떤 분이신지 장대하게 드러나고 어마어마한 캔버스에 그려져서 온 세상이 그것을 발견하고 응시하고 그 앞에 절하며 흠모하고 찬양하게 되기를 바라는 깊은 갈망을 심오하게 드러낸 표현입니다. "내 혼이 주를 드높입니다."

그러면 우리는 어떻습니까? 제가 이 말을 그대로 가져와 여러분 앞에 펼쳐 놓는 것은 우리 자신을 점검하고 싶어서입니다. 우리의 혼은 주님을 드높이고 있습니까? 이 일이 우리의 가장 깊은 갈망입니까?

시편 기자는 이 갈망을 이렇게 표현했습니다. "나와 함께 주님을 높이자"(시 34:3, 새번역). 그는 말합니다. "우리 함께 그 일을 합시다. 모두가 참여하십시다. 그분의 이름을 위대하게 만듭시다. 열국과 민족들 앞에 그 이름을 드러냅시다!"

마리아의 감정을 나타내는 또 다른 단어는 '기뻐하다'입니다. "내 영이 하나님 내 구주를 기뻐하였도다"(눅 1:47, KJV). 저는 여기서 '기뻐하다 rejoice'라는 표현이 조금 아쉽습니다. 충분히 강하지가 않아요. 이 말의 실제 의미는 하나님 안에서 기뻐 어쩔 줄 모르고 그분을 자랑한다는 뜻입니다. 하나님이 내가 크게 기뻐하는 대상이라는 말입니다. 세상은 언제나 다양한 것들을 크게 기뻐하고, 사람들은 자신을 뽐내며 자랑합니다. 그러나 마리아는 이렇게 말합니다. "오, 내 영이 하나님을 기뻐합니다. 내 기쁨의 주제는 바로 하나님 내 구주이십니다!"

왜 흠모하고 찬양하게 될까?

이제 좀 더 나아가서 마리아가 느낀 감정의 온전한 의의를 살펴봅시다. 마리아가 이 감정을 느끼는 이유는 무엇입니까? 저는 지금부터 다룰 내용을 특히 강조하고 싶습니다. 마리아는 왜 주님을 찬양하고 드높이고 있습니까? 왜 그녀의 영은 "하나님 내 구주"를 기뻐합니까?

마리아는 분명한 대답을 내놓습니다. 본인에게 벌어진 일이 주된 이유가 아닙니다. 물론 그것을 언급하기는 합니다. 마리아의 찬양에 등장하기는 하지만 부수적인 내용에 불과합니다.

그러면 그녀가 흠모하고 찬양하는 이유는 무엇일까요? 바로 하나님의 성품과 본성 때문입니다. 하나님이 세상을 위해 하시는 일 때문입니다. 마리아의 눈은 자신을 바라보지 않습니다. 그런데 알다시피 교회 특정 분파에서는 마리아의 이런 자세를 무시하고는 그녀를 완전히 떠받들었습니다.

마리아는 겸손으로 가득합니다. 자신을 포장하지 않고 "그의 여종의 비천함"(눅 1:48)을 말합니다. 여기에 '하나님의 어머니'라든지 '하늘의 여왕' 같은 표현은 전혀 없습니다. 마리아는 자신을 생각하고 있지 않습니다. 자신을 잊게 만드는 무언가를 보았기 때문이지요. 자기 망각은 하나님이 "때가 차매 하나님이 그 아들을 보내사 여자에게서 나게 하시고 율법 아래에"(갈 4:4) 있게 하셨을 때 일어난 일을 제대로 이해했는지 알 수 있는 궁극의 시금석입니다.

마리아는 자신이 큰 특권을 받으리라는 사실에 그다지 기뻐하지 않습니다. 그녀는 엘리사벳을 통해 그것이 무엇인지 들었고 사람들이 자신을 복되다고 일컬을 것임을 알았습니다. 그리고 본인 입으로 그 사실을 되풀이해서 말합니다. "이제 후로는 만세에 나를 복이 있다 일컬으리로다"(눅 1:48). 그러나 그것이 마리아를 정말 감동시킨 요인은 아닙니다.

그녀는 하나님이 하시는 일, 이 역사적 사건, 하나님의 행하심의 절정에 감동합니다. 그 일에서 자신의 역할과 자리를 받게 된다는 사실을 생각하고 겸허해지고 감사하지만, 그녀를 정말로 감동시키고 찬양과 경배를 드리게 만든 요인은 하나님이 행하시는 이 일 자체입니다. 그녀의 마음은 경이감과 경배와 흠모, 더없는 놀라움으로 가득합니다. 그녀는 이 일의 내적 의미를 알아보았습니다. 구원의 전체 목적이 무엇인지, 하나님이 그녀의 태를 통해 하나님의 아들을 세상에 보내시면서 이루고자 하시는 큰일이 무엇인지 희미하게 엿보는 수준에서나마 이해하게 됩니다.

이것이 이 노래에 담긴 비밀입니다. 기독교의 입장 전체의 비밀이기도 합니다. 사람을 경배와 찬양,

큰 기쁨과 흠모로 이끄는 것은 무엇입니까? 이 질문에 대한 정답은 언제나 '이해'입니다. 하나님이 보실 때 가치 있는 찬양은 진리의 이해에 근거한 찬양입니다. 우리는 감정을 곧바로 공략해서는 절대 안 된다는 사실을 기억해야 합니다. 의지를 곧바로 공략해서도 안 됩니다. 감정과 의지는 지성이 어떤 것을 알아보고 난 뒤에 나타나는 결과입니다.

엘리사벳은 바로 이것을 보여 줍니다. 성경에 따르면 엘리사벳은 성령으로 충만했고, 상황을 이해한 상태에서 성령의 조명하심을 받아 말했습니다. 마리아의 경우도 이와 똑같습니다. 그리고 마리아의 관심은 자신이 특권을 받았으니 이제 위대하게 될 거라는 데 있지 않고, 행하시는 하나님의 위대함과 그분이 벌이시는 일의 위대함에 있었습니다.

그리스도인의 예배의 핵심

마리아가 자신의 감정을 어떤 식으로 표현하는지 따라가 봅시다. 마리아는 뭐라고 말합니까? 물론 여기서 중요한 점은, 마리아가 하나님이 어떤 분이

신지 알려 준다는 것입니다. 그녀는 하나님이 지니신 속성과 성품 때문에 그분을 흠모합니다. 이것이 바로 그리스도인의 예배와 찬양의 본질입니다. 안타깝게도 우리는 약하고 부족하여 선물에만 관심이 있고, 선물을 주신 분을 자주 잊어버립니다. 마리아가 보여 준 것이야말로 가장 최고의 흠모와 경배입니다.

이것을 제대로 보지 못하도록 우리를 막아서는 두 가지 위험이 있습니다. 한 가지 위험은 이미 말씀드린 적이 있습니다. 로마가톨릭교회의 흉물스러운 거짓 가르침과 과장입니다. 다른 한 가지는 거기에 거세게 반발하다가, 마리아가 본 것과 그녀가 마리아의 찬가에서 표현한 내용을 과소평가하는 것입니다. 이런 일이 없도록 주의합시다. 성경이 보여 주는 균형을 견지하고, 편견에 사로잡히지 않도록 합시다.

마리아는 여기서 그리스도인이 드려야 할 찬양과 예배와 흠모의 핵심과 정수를 표현합니다. 바로 '하나님'입니다. 무엇보다 첫째, 그분의 위대함과 영광입니다. "내 혼이 주를 드높입니다"(눅 1:46, KJV). 주님을 드높이는 것, 그 이상의 것은 없습니다. 우리는 그분보다 더 높이 올라가지 못합니다. 주님은 여호와이시고, 그러므로 높임과 찬양과 경배를 받으셔야 합니다.

그분은 누구십니까? 친히 말씀하십니다. "나는 스스로 있는 자이니라"(출 3:14). 이 말씀 안에는 물론 "나는 내가 누구인지 앞으로 드러낼 자다"라는 의미도 있습니다만, 주된 뜻은 하나님이 영원부터 영원까지 계신다는 것입니다. "스스로 있는 자", 주님이십니다. 시편 기자는 이렇게 말합니다. "여호와는 위대하시니 …… 극진히 찬양받으시리로다"(시 48:1).

여기에 이르지 못했다면 성탄절의 의미를 아직 이해하지 못한 것입니다. 마구간과 구유가 전부가 아닙니다. 물론 우리는 그리로 가야 하지요. 하지만 거기서 우리가 보는 것은 이 위대하신 하나님, 주님입니다. 그분을 보는 순간 우리는 올바른 시각을 갖추고 올바른 방식으로 세상을 볼 수 있습니다.

그런데 이 시대 그리스도인들에게는 세상이 아닌 성경과 그 가르침에 따라 생각해야 한다고 굳이 말해 줘야 하니, 참으로 끔찍한 상황에 처했다 할 수 있습니다. 성경의 방식은 주님으로 시작해 주님을 높이는 것입니다. 주님은 세상에서 벌어진 모든 일을 책임지십니다. 이것이 바로 그분이 하시는 일입니다. 그러므로 그분은 궁극적으로 찬양받으실 분입니다.

둘째, 마리아는 "구주"(구원자)라는 단어를 사용합니다. "내 영이 하나님 내 구주를 기뻐하였도다"(눅 1:47, KJV). 구주라는 단어는 무엇을 의미합니까? 구주는 성경 곳곳에서 하나님을 일컬을 때 등장하는 위대한 단어입니다. 구해 내시는 분, 지키시는 분이라는 뜻입니다.

마리아의 찬가에는 구약의 역사가 잘 요약돼 있습니다. 마리아는 노래에 다음과 같은 의미를 담아 노래합니다. "오, 하나님, 내 혼이 당신을 크게 높입니다. 당신께서 늘 하시던 일을 지금도 하고 계심을 알기 때문입니다. 당신은 언제나 동일하십니다. 당신께서는 수 세기에 걸쳐 줄곧 그 일을 해 오셨고, 지금은 그 일의 절정인 듯합니다. 지금 이 순간이 지나간 모든 일의 절정입니다."

구주. 하나님은 구원자로서 이스라엘을 만나셨

습니다. 구약 성경을 읽어 보십시오! 구약의 이야기는 하나님이 백성을 계속 구해 내시는 역사입니다. 하나님이 그들을 애굽의 포로 생활과 속박에서 어떻게 구해 내셨는지 보십시오. 그냥 내버려 뒀다면 그들은 거기서 죽어 갔을 테고 그렇게 끝났을 것입니다. 그런데 그들이 거기서 어떻게 나왔습니까? 또 가나안 땅으로 어떻게 갔습니까? 강한 팔로 그들을 끄집어내신 분은 구원자 하나님이셨습니다.

그분은 계속해서 구원자셨습니다. 잔인한 원수들에게서 이스라엘을 얼마나 자주 구해 내셨습니까? 그들이 거의 무방비 상태였을 때 하나님이 적군을 완파하신 일이 얼마나 많았습니까? 성경의 역사서들을 읽으면 구원자 하나님을 만날 수 있습니다. 마리아는 이 모든 것을 압니다. 이스라엘이 바벨론에 포로로 잡혀 있을 때도 하나님이 남은 자들을 고향 땅으로 돌려보내 그분의 뜻을 이루게 하셨습니다. 그 과정을 보아도 알 수 있듯이 주체는 언제나 구원자 하나님이십니다.

시편 기자가 이 부분을 아주 명확하게 짚어 냈습

니다. "이스라엘을 지키시는 이는 졸지도 아니하시고 주무시지도 아니하시리로다"(시 121:4).

이스라엘이 반역하고 죄를 지을 때조차도 하나님은 그들에게서 눈을 떼지 않으셨습니다. 하나님은 상황이 그 정도까지 악화되는 것을 허락하셨지만, 그 이상은 두고 보지 않으셨습니다. 원수들이 일어나 이스라엘을 정복하도록 허락하셨지만 그들을 파멸시키도록 내버려 두지는 않으셨습니다. 그분은 자기 백성의 구원자이시며, 양 떼의 목자이십니다. "하나님 내 구주."

마리아는 그것을 알았습니다. 그리고 우리가 미처 헤아릴 수 없을 만큼의 엄청난 규모로 하나님이 이 구원의 역사를 행하고 계심을 문득 깨닫습니다. '이 행하심은 무엇일까? 하나님이 내게 무엇을 하고 계신 거지?' 오, 이것은 하나님이 세상을 구원하시는 일의 일부에 지나지 않습니다! "하나님 내 구주."

셋째, 마리아는 하나님의 능력에 특별히 관심을 기울입니다. 그녀는 이것에 깊은 인상을 받았습니다. 그녀의 말에 귀를 기울여 보십시오. "능하신 이가 큰일을 내게 행하셨으니"(눅 1:49). 51절에서 다시 나옵니다. "그의 팔로 힘을 보이사 마음의 생각이 교만한 자들을 흩으셨고."

"능하신 이!" 그녀가 하나님의 능력을 강조하는 것은 놀랍지 않습니다. 하나님이 구주이실 수 있는 것은 바로 그분의 능력 때문이니까요. 하나님이 능하신 분이 아니라면 구원하실 수 없습니다. 세상에는 하나님의 능력이 특별히 필요합니다. 우리 모두에게 그 능력이 특별히 필요합니다.

마리아는 왜 주님의 위대함, 능력, 힘을 이유로 그분을 찬양할까요? 그녀는 그것을 자신의 약함 및 세상의 더없는 약함, 무력함, 절망과 대비시킵니다. 하나님의 능력, 그분의 막강한 팔만이 세상의 소망입니다. "능하신 이."

그분은 전능하십니다. 천사는 마리아에게 이 사실을 상기시켰습니다. 마리아는 망설였습니다. "나는 남자를 알지 못하는데, 어떻게 이런 일이 있겠습니까? 내가 아들을 낳을 거라고 하시지만 나는 처녀입니다. 남자를 알지 못했습니다. 그런데 어떻게 이런

일이 있을 수 있습니까? 이런 일은 불가능합니다." 그
녀의 말에 다음과 같은 답이 돌아왔습니다.

"하나님께는 불가능한 일이 없다"(눅 1:37, 새번역).

하나님, 감사합니다!

여기에 구원의 보장이 있습니다. 바로 하나님의
능력과 힘입니다. "내가 〔그리스도의〕 복음을 부끄러워
하지 아니하노니." 바울은 그렇게 말합니다. 왜입니
까? "이 복음은 모든 믿는 자에게 구원을 주시는 하
나님의 능력"(롬 1:16)이기 때문입니다. 능력! 이것 때
문에 마리아의 영혼이 주님을 찬양합니다. 우리의
영혼도 그래야 마땅합니다!

이렇게 생각해 보십시오. 세상이 지금과 같은 것
은 마귀의 수중에, 지옥의 권세 아래 있기 때문입니
다. 마귀는 "이 세상의 신"(고후 4:4)입니다. 그자는 "공
중의 권세 잡은 자 …… 곧 지금 불순종의 아들들 가
운데서 역사하는 영"(엡 2:2)이며, 강한 능력을 갖고 있
습니다.

구약 성경을 읽어 보십시오. 마귀는 위대한 족장
들과 성도들을 유혹했고, 그들은 그자 앞에 더없이

나약하고 무력하게 쓰러졌습니다. "우리의 씨름은 혈과 육을 상대하는 것이 아니요 통치자들과 권세들과 이 어둠의 세상 주관자들과 하늘에 있는 악의 영들을 상대함이라"(엡 6:12).

세상에 어떤 소망이 있습니까? 국제적으로 열리는 각종 회의들에 소망이 있습니까? 미래에 소망이 있습니까? 아니요, 그렇지 않습니다! 세상은 제자리를 맴돌 뿐입니다. 세상은 오늘날의 상황을 다룰 능력이 없습니다. 그러나 감사하게도 우리에게는 능하신 한 분이 계십니다. "그의 팔로 힘을 보이사 마음의 생각이 교만한 자들을 흩으셨고"(눅 1:51). 그분은 전능하십니다.

성경에 첫 번째로 등장하는 중요한 하나님의 이름은 "엘"입니다. 강한 분이라는 뜻입니다. 하나님은 사람들에게 자신을 계시하시면서 그 이름을 쓰셨습니다. "나는 강한 자다. 전능한 자다."

그러니까 천사장 가브리엘은 마리아에게 이 전체 상황에서 가장 결정적이고 핵심적인 내용을 상기시킨 것입니다.

하나님이 능하신 분, 곧 전능자가 아니시라면 이 세상에는 구원이 없을 것입니다. 그리고 하나님이 거기 베들레헴에서 행하신 일은 그분의 능력, "구원을 주시는 하나님의 능력"(롬 1:16)을 드러냅니다. 그것은 비범한 일이고 그 일을 행하시는 방식은 그보다 더욱 비범합니다. 하나님은 바로 그 일을 하고 계십니다. 하나님은 그분의 계획을 실행하기 시작하셨고, 그 계획은 그분의 능력에 따라 이루어지고 있습니다.

넷째, 마리아는 하나님의 거룩하심을 말합니다. "능하신 이가 큰일을 내게 행하셨으니"(눅 1:49). 여기다 덧붙이기를 "[그리고, KJV] 그 이름이 거룩하시며." 이 말씀을 읽으면서 혹시 이렇게 고개를 갸우뚱해 본 일이 있는지 궁금합니다. '마리아는 왜 이 말을 하는 거지? 왜 거룩이라는 말을 가져온 걸까?' 여기서 마리아가 "그리고"라는 단어로 능력과 거룩을 연결시키는 부분을 눈여겨보셔야 합니다.

마리아는 이렇게 말하는 것입니다. "내가 주님을 높이는 것은 그분의 능력 때문만이 아니라, 그분의 거룩하심 때문이기도 합니다."

이것 역시 구원의 전체 목적을 이해하는 데 반드시 필요한 열쇠 가운데 하나입니다. 구원이 왜 존재합니까? 하나님은 왜 독생자를 이 세상에 보내셨습니까? 갈보리 언덕에 도대체 왜 십자가가 있었습니까?

궁극적 답은 하나님이 거룩하시기 때문입니다. 그분의 이름이 거룩하시기 때문입니다. 성경은 이것을 다양한 방식으로 표현합니다. "하나님은 빛이시라 그에게는 어둠이 조금도 없으시다"(요일 1:5). 그분은 "소멸하는 불"(히 12:29)이십니다. 이것이 거룩하신 하나님을 나타내는 표현입니다.

누군가는 이렇게 묻습니다. "그러나 그것이 구원과 무슨 상관이 있습니까?"

답은 이렇습니다. "하나님은 죄를 영원히 적으로 대하십니다. 하나님은 죄를 미워하십니다. 하나님이 죄를 미워하시기 때문에 구원이 있는 것입니다. 하나님이 세상을 만드시되 완전하게 만드셨고, 그 세상에는 잘못된 부분이나 흠이 전혀 없었으며 하나님은 세상을 보시고 좋다고 여기셨습니다. 그런데 세상에 죄가 들어왔습니다. 마귀가 악을 불러들였습니다. 세상이 죄로 가득 찼습니다. 거룩하신 하나님은 악이 퍼져 나가는 것을 참으실 수 없습니다. 하나님이 그 거룩한 본성으로 더없이 강렬하게 죄를 미워하시기에 구원이 있는 것입니다."

참으로, 저는 지금 주저 없이 말하고 있습니다. 하나님의 이름이 거룩하시기 때문에 그분은 죄를 다루셔야만 하고 구속救贖을 가져오셔야만 합니다. 하나님은 하나님이시기 때문에 세상을 지금처럼 죄 가운데, 마귀의 권세 아래, 이 세상의 신이 다스리는 상태로 내버려 두실 수 없습니다. 또한 그런 상태는 하나님을 전적으로 대적합니다. 하나님은 그런 상태를 미워하시고 그것을 제거하려 하십니다. 하나님의 이름은 거룩하시고 그래서 구원의 일을 행하십니다. 하나님이 하시는 모든 일은 거룩합니다. 강력할 뿐 아니라 거룩합니다.

천사장 가브리엘이 이것을 마리아에게 어떻게 표현했는지 보십시오. "성령이 네게 임하시고"(눅 1:35). 그다음에 그 놀라운 표현 "[네게서, KJV] 나실 바 거룩한 이"가 등장합니다. 구원과 관련한 모든 것이 거룩합니다.

예수 그리스도는 완전하셨습니다. 그분은 어떤 죄도 없었습니다. 그분은 아담의 본성에 있던 죄를 물려받지 않으셨습니다. 그분은 순결하셨고 거룩하셨고, 그분의 모든 가르침과 행하신 모든 일에서 거룩함의 요소가 언제나 드러납니다. 그분은 아기로 태어나셨습니다. 맞습니다. 그러나 평범한 아기가 아니었습니다. 죄와 분리되고 죄인들과 분리되고 죄가 전혀 없는 거룩하신 분이었습니다.

이제 십자가로 넘어가 봅시다. 거기서 무슨 일이 벌어졌습니까? 오, 저는 십자가에서 동일한 거룩함의 요소를 봅니다. 하나님이 죄를 미워하신다는 것, 죄를 벌하신다는 것, 죄를 없애신다는 것입니다. "그 이름이 거룩하"십니다(눅 1:49). 구원의 이 위대한 흐름과 관련된 모든 것은 처음부터 끝까지 거룩함이 그 특징입니다.

그러나 다섯째, 마리아가 말하는 또 다른 단어가 있습니다. 그 단어에 귀를 기울이십시오. 놀라운 단어 "긍휼"입니다. "(그리고, KJV) 긍휼하심이 두려워하는 자에게 대대로 이르는도다"(눅 1:50). 50절 첫머리에 나오는 단어 "그리고"를 다시 한 번 눈여겨봐 주십시오. 이 "그리고"로 인해 하나님께 감사드립시다. 만약 하나님이 전능하시고 거룩하시기만 하다면 우리에게는 아무런 소망이 없을 것입니다. 하나님은 능하신 분이고 거룩하시고 너무나 순결한 얼굴의 소유자시기에 죄를 쳐다볼 수도 없으시다는 것만이 진실이었다면, 우리는 지금 이것을 함께 숙고할 수 없을 것입니다. 우리는 주 예수 그리스도의 이름으로 찬양을 부르지도 못할 것입니다.

왜입니까? 하나님이 전능하시고 거룩하시기만 하다면, 우리는 모두 제거되고 말 테니까요. 온 세상은 파괴되고 구원은 없을 것입니다. 그러니 이 작은 "그리고"를 허락하신 하나님께 감사합시다. 그분은 능하시고, 힘이 강하시며, 거룩과 위엄이 영광스러우십니다. "그리고" 자비와 긍휼이 가득하십니다. 그래서 우리에게 구원이 있습니다.

긍휼은 무엇을 의미합니까? 이 질문에 답하는 최

선의 방법은 '은혜'라는 단어에 비추어 생각해 보는 것일 듯합니다. 은혜와 긍휼은 함께 가고, 은혜가 긍휼에 앞섭니다.

은혜는 죄인이기 때문에 사랑과 호의를 받을 자격이 없는 사람들을 향한 사랑과 호의입니다. 죄가 있어서 친절과 사랑을 받을 자격이 없는 사람들에게 전해지는 친절과 선함입니다. 이것이 은혜의 의미입니다.

그러면 긍휼은 무엇입니까? 긍휼은 죄가 있을 뿐 아니라 죄 때문에 비참한 상황에 처한 이들을 향한 사랑을 의미합니다. 이것이 은혜와 긍휼의 차이입니다. 은혜는 보다 일반적이고, 긍휼은 구체적입니다. 하나님의 긍휼은 그분이 비참하고 곤고하고 고통에 시달리는 인류를 굽어살피신다는 뜻입니다.

앞서 말씀드린 대로, 마리아는 구약 성경의 역사 전체를 요약하고 있습니다. 하나님은 이스라엘 자손을 구해 내라고 모세를 부르실 때 이렇게 말씀하셨습니다. "나는 이집트[애굽]에 있는 나의 백성이 고통받는 것을 똑똑히 보았고, 또 억압 때문에 괴로워서

부르짖는 소리를 들었다. 그러므로 나는 그들의 고난을 분명히 안다"(출 3:7, 새번역). 이 말씀에 우리 마음이 녹고 꺾이지 않는다면 무엇이 그렇게 할 수 있겠습니까?

이것이 긍휼입니다. 이 위대하시고 자존하시는 하나님, 영원부터 영원까지 계시는 하나님, 영원토록 거룩하시고 영광스러우신 하나님, 인간과 별개로 존재하실 수 있고 인간이 필요하지 않으신 하나님. 그분이 인간을 창조하셨고, 어리석은 인간은 죄에 빠졌습니다. 죄 가운데서 인간은 고통스럽고 불행하고 비참합니다. 이 위엄 있고 영원하신 하나님이 말씀하십니다. "나는 …… 나의 백성이 고통받는 것을 똑똑히 보았고."

그래서 예수님이 베들레헴에서 태어나셨습니다. 기꺼이 오셨습니다. 영광의 징표들을 다 내려놓은 채 자신을 낮추셨고 명성을 버리셨습니다. 하나님이 우리의 고통을 보셨습니다. 우리의 죄책만이 아니라 우리의 고통, 불행, 비참함도 보셨습니다.

존 밀턴은 죄의 결과로 세상이 어떤 상태가 되었는

지 그의 찬양에서 이렇게 표현합니다.

> 그분은 연민의 눈으로
> 우리의 고통을 바라보셨도다.
> 그분의 긍휼은 늘 한결같고
> 늘 신실하고 늘 확실하기에.

많은 이들이 하나님의 긍휼과 자비와 연민의 눈에 감사하며 그분을 찬양합니다.

끝으로, 마리아는 하나님의 신실하심을 말합니다. "그 종 이스라엘을 도우사 긍휼히 여기시고 기억하시되 우리 조상에게 말씀하신 것과 같이 아브라함과 그 자손에게 영원히 하시리로다"(눅 1:54-55). 하나님은 약속을 결코 잊지 않으십니다. 그분은 자기 백성을 찾아와 구속하겠노라 약속하셨고, 마리아는 자신에게 일어나는 일이 하나님이 약속을 성취하시는 한 방법이라는 것을 문득 깨닫습니다.

구약 성경의 모든 선지자가 "곧 오소서, 임마누엘"이라고 부르짖으며 이 일을 기다렸습니다. 그리고 마리아는 마침내 그 때가 임박했음을 깨달았습니다. 자신의 태에서 나실 거룩하신 분이 에덴동산에서 시작해서 선지자들과 선견자들, 현인들, 왕들, 시편 기자들을 통해 죽 이어진 하나님의 모든 약속에 대한 하나님의 "예와 아멘"이라는 것을 알아차렸습니다. 하나님이 "자기 백성을 찾아와 속량하실"(눅 1:68, KJV) 때가 온 것입니다.

그래서 마리아는 찬가를 부릅니다. "내 혼이 주를 드높이며 내 영이 하나님 내 구주를 기뻐하였도다"(눅 1:46-47, KJV). 전능하신 분, 거룩하신 분, 긍휼과 자비를 베푸시는 분, 그 크신 사랑을 우리에게 보이시고 독생자를 세상에 보내시되 십자가의 죽음으로까지 보내신 분, 능력이 크시고 긍휼이 많으신 분. 오, 그 은혜의 부요함이여, 그 아들 우리 주와 구주이신 예수 그리스도 안에서 우리에게 베푸시는 헤아릴 수 없는 은혜의 부요함이여!

그 은혜를 보셨습니까? 마리아는 섬광처럼 그것을 보았습니다. 물론 처음에 그녀는 망설였습니다. 그것을 볼 수 없었으니까요. 그러나 마침내 그녀는 그것을 봅니다. 그리고 구원을 이루시는 하나님의 역사 앞에서 이렇게 반응합니다. "내 혼이 주를 드높이며 내 영이 하나님 내 구주를 기뻐하였도다"(눅 1:46-47, KJV).

그 은혜가 여러분에게도 이렇게 다가갔습니까? 그 은혜를 깊이 생각해 보십시오. 성경의 관점에서 깊이 묵상해 보십시오. 그 은혜가 여러분을 이끌어 하나님께 쉼 없이 나아가게 하십시오. 영광과 위엄 가운데서 우리와 세상을 지극한 긍휼의 눈으로 바라보셨고 우리를 구원하시고자 독생자를 세상에 보내신 하나님께 가십시오.

2

능력의 복음,
세상살이의 판을
뒤집다

놀랍고도 낯선 하나님의 지혜

⁵¹ 그의 팔로 힘을 보이사

마음의 생각이 교만한 자들을 흩으셨고

⁵² 권세 있는 자를 그 위에서 내리치셨으며

비천한 자를 높이셨고

⁵³ 주리는 자를 좋은 것으로 배불리셨으며

부자는 빈손으로 보내셨도다.

누가복음 1장 51-53절

▲

마리아의 찬가라는 위대한 선언에서 이제 이 부분을 살펴봅시다. 이 구절들은 우리 주와 구주이신 예수 그리스도의 복음과 관련된 중심 원리 몇 가지를 알아보고 깨닫는 데 큰 도움이 됩니다.

저는 마귀, "공중의 권세를 잡은 통치자"(엡 2:2, 새번역), 악과 죄의 세력을 조종하는 이 존재를 믿지 않는 사람을 도무지 이해할 수가 없습니다. 마귀의 활동은 너무나 명백해서 그자의 작당이 모두에게 자명하게 느껴지는 것이 마땅하기 때문입니다.

그럼에도 불구하고 한 해를 보내는 동안 대부분의 시간에 여기에 주목할 계기가 없을 수 있습니다. 하지만 대림절(대강절) 기간은 다릅니다. 이 성탄 시즌에는 전 세계 모든 교회가 하나님의 아들이 이 세상에 오신 일, 주 예수 그리스도께서 베들레헴에서 탄생하신 일을 집중적으로 생각하다 보니, 기독교의 복음과 관련해 마귀의 역사와 활동 그리고 거기서 빚어진 사악한 결과를 그 어느 때보다 분명히 볼 수 있습니다.

성탄절의 진정한 의미 。

이 위대한 사건, 여러 면에서 온 인류 역사의 중심이 되는 사건의 참의미를 알아보기가 너무 어렵습니다. 그렇지 않습니까?

사람들은 성탄절을 주로 둘 중 한 가지 방식으로 생각합니다. 어떤 이들은 이 위대한 사건을 선의, 활기, 행복이라는 막연한 감정에 잠기고 친목을 나누며 술을 마실 기회로 허비합니다. 일반 세상에서는 성탄절의 의미를 주로 이 정도로 바라보고 생각하는 것 같습니다. 그들에게 성탄절은 이 이상의 의미는 없습니다.

반면에 다르게 생각하는 이들도 있는데, 꽤 많은 사람들이 여기에 해당됩니다. 그들은 이 사건의 핵심 목적이 사람들에게 무언가를 행하도록, 이 선의의 정신을 실천하도록 권고하는 것이라고 보는 듯합니다. 그들은 성탄절을 이용해 사람들이 전쟁과 평화에 관해 말하기를 바랍니다. 또 전쟁을 종식시키고 군비를 철폐하고 나라들이 서로 우호적이 될 것을 촉구합니다.

여론은 크게 이 두 집단으로 나뉘어 있습니다. 그래서 저는 여러분이 마리아의 찬가에 나오는 엄청난 진술을 살펴보고, 이런 생각들이 어떻게 완전히 틀렸는지 확인시켜 드리고자 합니다. 하나님의 아들의 탄생이라는 문제는 우리가 무엇보다 우선해서 생각해야 하는 주제입니다. 그래서 오늘 저녁 설교에서 성탄 캐럴 예배(성탄절 2주 전, 성탄 캐럴 공연을 위주로 한 행사-옮긴이)를 생략한 것입니다.

먼저 생각을 하고 나서 노래를 불러야 합니다. 그러지 않으면 우리의 노래는 아무런 가치가 없습니다. 지금은 진지하고 심각하게 열심히 생각해야 할 시기입니다. 마귀는 한 해 가운데에서도 특히 복된 우리 주님의 탄생을 축하하는 이 시기에 여론의 두 흐름에 따라 사람들이 성탄을 잘못 생각하도록 애쓰니까요.

'좋은' 소식

그러면 우리 주와 구주이신 예수 그리스도의 복음의 본질에 관한 근본 원리들에 관해 마리아가 뭐라고 말하는지 숙고해 봅시다.

성탄절의 진짜 메시지가 무엇입니까? 눈에 띄는 첫 번째 내용은 성탄절은 좋은 소식이라는 것입니다. 성탄절은 원래 선포로 주어졌습니다. 성탄절의 모든 면이 이것을 말하고 있습니다. 성탄절 이야기의 앞부분을 기억하십니까? 누가복음 첫 장을 읽어 보시면 성탄절은 좋은 소식입니다.

세례 요한의 아버지 사가랴는 그날도 제사장 순번에 따라 자기 차례로 돌아온 직무를 수행하고 있습니다. 그는 무슨 일이 일어날 것이라 기대한다거나 예상하지 않았고, 그저 여느 때처럼 임무를 수행할 뿐이었습니다. 그런데 갑자기 천사가 그에게 나타납니다. 천사는 그에게 무언가를 하라고 요구하지 않습니다. 다만 그에게 선포합니다. 하나님이 하실 일을 알려 줍니다. 그의 아내 엘리사벳은 불임이었고, 두 사람은 자신들이 아이를 갖지 못할 거라는 것을 알았습니다. 그러나 천사는 엘리사벳이 아들을 낳을 것이고, 그 아이는 오실 메시아를 알리는 사람이 될 것이라고 공표합니다. 이야기는 그렇게 시작됩니다.

그다음 마리아의 경우에도 동일한 장면이 펼쳐집니다. 여기 아무것도 기대하지 않고 있는 소박한 처녀가 있습니다. 갑자기 천사장 가브리엘이 나타나 그녀에게 이렇게 말을 겁니다. "은혜를 받은 자여 평안할지어다"(눅 1:28). 이것은 선포입니다! 그리고 선포 내용이 이어집니다. 엘리사벳의 노래에서도 알 수 있듯이, 마리아도 선포 내용을 파악하고 있음이 그녀의 찬가에서 더없이 분명하게 드러납니다.

친애하는 교우 여러분, 복음은 좋은 소식입니다. 그래서 복음의 핵심이 권고일 수가 없습니다. 복음은 모호하고 막연한 기분이 아닙니다. 강력한 선포입니다. 복음은 나랏일을 맡은 사람이 알리는 포고 사항 또는 라디오나 다른 매체에서 흘러나오는 발표와 같습니다. 이것이 복음에 접근하는 바른 방식입니다.

그런데 세상은 이런 식으로 복음에 접근하지 않습니다. 세상은 복음을 받고도 마귀의 부추김에 넘어가 자기 철학 안에 있는 다른 것으로 왜곡시킵니다. 그것은 이 선포를 부정하는 일입니다.

성경을 또 다른 식으로 볼 수도 있는데요. 제가 이것을 현대적으로 표현해 보겠습니다. 잘 알다시피 가끔 무언가 정말 놀라운 사실을 발표할 때는 이러이러한 시간에 중요한 선언, 공표가 있을 거라는 예고를 먼저 합니다. 전쟁* 중에 특히 이런 예고가 많

---

* 제2차 세계대전

았고 지금도 어느 정도 존재합니다. 어떤 일이 벌어지기 몇 시간 전에 우리는 이런 말을 듣습니다. "이러이러한 시간에 귀를 기울이시면 놀라운 소식이 들려올 것입니다." 그래서 잔뜩 기대하고 기다리다 보면 마침내 발표가 납니다.

그런데 이 발표에 해당하는 것이 신약 성경에 등장합니다. 구약 성경에는 예고들이 나옵니다. 선지자들이지요. 그들은 아주 오래전부터 이렇게 말했습니다. "보십시오. 무언가 일이 벌어질 것입니다. 하나님이 무언가 행하실 것입니다." 이렇게 선포와 선언이 이루어지고 모두가 기다리고 있었습니다.

세월이 흘러갔고 많은 이들은 잊어버렸으나 오, 마침내 그 일이 이루어졌습니다. 좋은 소식입니다! 선포. 공표. 기쁨을 안겨 주는 발표. 이것은 복음서의 앞부분에서 두드러지게 나타납니다.

전적으로 하나님이 하신 일

둘째, 복음은 전적으로 하나님께로부터 나온 것입니다. 이 사실을 분명히 알아야 합니다. 이것은 하나님이 하신 일, 하고 계시고 하실 일에 대한 선언입니다. 마리아의 찬가에서 두드러지는 이것이 모든 일의 본질입니다. 하나님이 이 일을 하셨습니다. 하나님이 그분의 능력을 드러내실 것입니다. 이것이 성탄절의 핵심입니다. 인간들이 하게 될 일이나 해야 마땅한 일이 핵심이 아닙니다. 하나님이 하신 일이 핵심입니다.

우리는 뒤로 물러나 지켜보고 귀를 기울이라 하십니다. 누가복음 말씀 첫 몇 장에 목자들이 등장합니다. 그들은 밤중에 들에서 양 떼를 지키고 있었습니다. 이전에 수백 번, 수천 번 했던 일입니다. 그랬기에 그날도 그들은 아무것도 기대하지 않았습니다. 그런데 갑자기, 이 찬양, 이 선언이 울려 퍼졌고 그들은 마음이 사로잡혀 올려다보았습니다. 성탄절은 이렇게 옵니다.

보십시오. 하나님이 무언가를 행하셨습니다. 참으로, 그것은 온전히 하나님이 하신 일입니다. 복음은 하나님의 강력한 일하심을 세상에 알리는 위대한 기록입니다. 복음은 하나님의 능력을 드러냅니다.

사가랴가 이후에 너무나 완벽하게 말한 것처럼, 메시지의 본질은 이것입니다. "그가 자기 백성을 찾아와 속량하셨다"(눅 1:68, KJV).

우리가 성탄절을 생각할 때 이런 관점에서 시작하지 않는다면 이미 우리는 틀렸다 할 수 있습니다. 길을 잃어버린 것입니다. 좋은 소식이 도착했고 그 앞에서 우리는 일어나 고개를 들고 우러러보면서 이렇게 말해야 합니다. "우리가 듣겠습니다. 하나님이 무슨 일을 하셨습니까?"

바로 이것입니다! 하나님이 무언가를 행하셨습니다. 하나님의 행위, 하나님의 능력의 오른손이 나타났습니다. 저는 이것이 온전히, 전적으로 하나님이 하신 일이라는 사실을 강조하고 싶습니다.

이것을 다른 방식으로 다시 한 번 말씀드리겠습니다. 우선 복음은 우리에게 무언가를 행하라는 촉구가 아닙니다. 복음의 모조품이 바로 이런 맥락에서 등장합니다. 성탄절의 전체 메시지가 우리에게 이렇게 호소한다는 듯 말이지요. "그럼 이제, 이 시기 동안 최선의 모습을 보여 주십시오. 이 시기를 잘 활용합시다. 함께 궁리하고 함께 행동하고 전쟁을 없애고 평화를 가져오기 위해 노력합시다." 복음이 정치성이 짙은 그 무엇인 것처럼, 우리가 하게 될 어떤 일, 우리가 드러내고 실천에 옮겨야 할 어떤 정신인 것처럼 말입니다.

그러나 복음은 그런 것이 아닙니다. 복음은 하나님의 놀라운 역사에 관한 선언입니다. 성경 전체가 하나님의 활동에 관한 기록입니다. 하나님이 창조하심, 인간이 타락한 후 하나님이 인간에게 내려오심, 하나님이 한 나라를 만드심, 하나님이 그 나라에 왕들을 주심, 하나님이 선지자들을 보내심. "그러나 기한이 찼을 때에, 하나님께서는 자기 아들을 보내셔서, 여자에게서 나게 하시고, 또한 율법 아래에 놓이게 하셨습니다"(갈 4:4, 새번역).

하나님의 놀라운 역사입니다! 저는 복음을 엉뚱한 것으로 왜곡하는 한심한 작태에 성경의 이름으로, 하나님의 이름으로 항의합니다. 복음은 하나님이 독생자 안에서 행하신 일을 선포하고 선언하는 것입니다.

마리아의 노래가 이것을 특별히 선명하고 밝히 드러내 줍니다. 복음은 하나님이 하신 일일 뿐 아니라 사람들이 이제껏 생각한 것, 지금 생각하는 모든 것을 완전히 뒤집습니다. 복음은 사람들이 지금까지 해온 일이나 해야 하는 일을 기록한 것이 아니며, 인간의 모든 생각과 정반대됩니다. 복음은 인간의 생각을 넘어서고 뒤집습니다.

이제부터 바로 이 내용을 여러분 앞에 펼쳐 놓으려 합니다.

반전으로 가득한 복음 。

지금까지 이 세상에서 벌어진 가장 놀라운 사건은 하나님의 아들이 세상에 오신 일입니다. 오늘날 이 세상에서 가장 혁명적인 것은 기독교 복음입니다. 왜 그렇습니까? 복음은 여러분과 제가 한 번이라도 상상했거나 생각했을 법한 거의 모든 것과 정반대되기 때문입니다.

　제 말이 무슨 뜻인지 말씀드리겠습니다. 우선 복음을 살펴보십시오. 첫째, 하나님이 그분의 일을 행하신 방식을 보십시오. 마리아의 찬가 가운데 바로 이 구절들에서 우리는 그 부분을 아주 강력하게 만납니다. 하나님이 인류를 구원하는 일을 하러 오실 때, 그 일을 어떤 방식으로 행하실까요? 하나님이 아무런 힘이 없는 아기로 나셨으니 감히 그분이 그 일을 하실 거라고 누가 예상을, 아니 상상이나 했겠습니까? 그러나 하나님은 정확히 그렇게 하셨습니다.

　이 아기가 태어날 때 선택된 여인이 이름 없고 보잘것없는 존재, 평범하고 가난한 처녀일 거라고 누가 생각이나 했겠습니까. 여러분과 저라면 그 일을 그런 방식으로 하지 않을 것입니다. 그렇지요? 세상은 그 일을 그런 방식으로 하지 않을 것입니다. 우리는 그 일을 아기가 태어나는 일로 시작하지 않을 것입니다. 누군가가 하늘에서 곧장 내려오게 만들었겠지요. 위대한 출현, 위대한 등장이 있었을 것입니다. 우리는 드라마, 선전을 좋아합니다. 나팔을 불면서 성대한 방식으로 일하는 것을 좋아합니다.

그러나 그것은 하나님의 방식이 아니었습니다. 하나님은 다르게 행하셨습니다. 만약 우리가 이 일을 이처럼 아기를 통해 벌이기로 결정했다면, 적어도 여왕이나 모종의 위대한 사람을 어머니로 선택했을 것입니다. 하나님의 아들이 세상에 오신다면 우리가 찾을 수 있는 가장 위엄 있고 가장 영광스러운 사람을 통해서 오실 것이 분명해 보입니다. 그러나 하나님은 아무도 들어 본 적 없는 작은 여인을 선택하셨습니다.

이것은 우리 모두의 생각을 뛰어넘는 결정입니다. 그 밖에 다른 것도 눈에 들어옵니다. 이와 같은 대목들이 많습니다. 저는 그 가운데 한두 가지만 살펴보고 있을 뿐입니다.

둘째, 그 아기가 어디서 태어났는지 보십시오. 하나님의 아들이 세상에 오실 때 어디서 태어날 거라고 생각하십니까? 제 생각에는 수백만 파운드, 몇 조 파운드를 들여서 지은 가장 웅장하고 멋진 궁전일 것 같습니다. 금과 대리석과 온갖 화려한 것으로 만든 궁전 말입니다. 하지만 아닙니다. 그분은 가축이 있는 마구간에서 태어나 구유 위 지푸라기에 눕혀지셨습니다.

친애하는 교우 여러분, 이것이 성탄절입니다. 여러분이 생각하는 인간적 개념들을 버리십시오. 성탄절은 인간 사고의 극치가 아닙니다. 인간이 제안했던 모든 것의 확장이 아닙니다. 복음은 그 모든 것과 정반대입니다. 이것이 하나님의 방식입니다! 그리고 여기서 강조점을 두어야 할 것은 반전의 복음, 그 놀라움과 경이로움입니다.

무너뜨리고 깨뜨리는 복음

이제 이것을 보다 자세히 살펴봅시다. 인간의 구원을 위한 하나님의 행하심이 인간이 신뢰하거나 혹은 신뢰했던 모든 것을 어떤 방식으로 정죄하고 제대로 파괴하는지 보십시오.

하나님은 "그의 팔로 힘을 보이"셨습니다(눅 1:51). 어떻게 보이셨습니까? "흩으셨"습니다(눅 1:51). '흩으셨다'는 아주 강한 단어입니다. 아무것도 남은 것이 없도록 완전히 흩어 버리셨다는 뜻입니다. 그분은 "마음의 생각이 교만한 자들을 흩으셨고 권세 있는 자를" 그 자리에서 끌어내리셨으며 "부자는 빈손으로 보내셨"습니다(눅 1:51-53).

누구든 이 복음을 잘못 해석할 수 있다는 것이 참으로 믿기 어렵지 않습니까? 이것은 인간이 이제껏 생각했던 모든 것의 반전일 뿐 아니라, 인간이 본성상 신뢰하는 모든 것을 정죄하고 무너뜨리고 흩어 버립니다.

'인간의 지혜'를 깨뜨리다

복음은 무엇을 정죄하고 무너뜨리고 흩어 버립니까? 첫째는 인간의 지혜입니다. 51절 하반절을 정확하게 읽는 것이 중요합니다. "(그가) 흩으셨"습니다. 누구를 말입니까? "마음의 생각이 교만한 자들을 흩으셨"습니다. 자기 마음의 추론 능력, 이해 능력을 믿고 오만해진 사람들을 뜻합니다.

여기서 교만한 자란 자신을 다른 사람보다 높이 두는 사람, 똑똑한 사람, 전문가입니다. 성경은 바로 이런 의미로 이 단어를 쓰고 있습니다. 예수 그리스도의 복음은 언제나 당대적입니다. 그것이 처음 주어진 거의 2천 년 전 당시에도 매우 당대적이고 최신의 것이었습니다. 오늘날에도 마찬가지입니다. 마음의 생각이 오만하고 교만한 사람들은 그때도 있었고 지금도 있습니다. 이 구절은 자신의 역량과 지식, 이해력, 두뇌, 사고 능력을 대단히 자랑스러워하는 사람들을 보여 줍니다.

세상에는 언제나 그런 사람들이 많았습니다. 구약 성경에도 그런 이들을 묘사한 부분이 있고 주 예수 그리스도께서 세상에 오셨을 때도 그런 사람들이 가득했습니다. 그들이 누구입니까? 주로 위대한 그리스 철학자들이었습니다. 그들은 강력한 계보를 이루고 있었습니다. 플라톤, 소크라테스, 아리스토텔레스와 그들의 사상을 따르는 학파들, 삶을 이해하려 시도하고 그것을 자랑스럽게 여기는 최고 수준의 천재들입니다. 그들은 학식을 자랑하고 지식을 자랑하고 지성을 자랑했습니다.

그런데 여기서 우리는 마리아의 입을 통해 복음

과 그 결과에 관한 내용을 듣게 됩니다. 하나님의 아들이 세상에 오시면 그들을 흩으신다는 것입니다. 물러가게 하십니다. 무너뜨리고 깨뜨리십니다. 그것도 철저하게 말입니다.

그 일을 어떤 식으로 진행하십니까? 다행히 신약성경에 이 질문에 맞는 답이 많이 나와 있습니다. 우리 주님께서 친히 주목할 만한 답변을 주셨고 마태복음 11장 끝부분에서 그것을 찾을 수 있습니다. 주님께서는 이렇게 말씀하셨습니다. "천지의 주재이신 아버지여 이것을 지혜롭고 슬기 있는 자들에게는 숨기시고 어린아이들에게는 나타내심을 감사하나이다 옳소이다 이렇게 된 것이 아버지의 뜻이니이다"(마 11:25-26).

이 말씀이 의미하는 바는 다음과 같습니다. "지혜롭고 똑똑한 사람들, 철학자들, 교사들, 위인들, 위대한 지성인들은 나 때문에 당황한다. 나 때문에 혼란스러워한다. 그들은 나에게 질문을 해서 나를 붙잡으려 하고 덫에 걸리게 만들려고 한다. 그들은 나를 믿지 않는다. 그들은 자기들의 생각에 갇혀 꼼짝도

하지 못한다. 반면에 어린아이들, 말하자면 무지한 자들은 하나님 나라로 몰려 들어간다."

복음이 지혜롭고 슬기로운 자들에게는 감추어졌습니다. 그들은 어리석은 꼴이 되었습니다. 위대한 지성, 위대한 두뇌의 소유자들은 기존의 생각에서 한 발짝도 움직이지 못했습니다. 그러나 복음은 이 정도에 머물지 않고 더 멀리 나갑니다. 사도 바울은 이에 대해 더욱 심오한 진리를 가르칩니다.

우리 주님과 그분의 종 사도 바울이 훨씬 상세하게 설명한 복음의 본질이 마리아의 찬가에 아주 간결한 형태로 제시되어 있습니다. "이 세상이 자기 지혜로 하나님을 알지 못"했고, 세상이 지혜로, 철학으로, 이성과 이해력으로 하나님께 이르지 못했을 때 "하나님께서 전도의 미련한 것으로 믿는 자들을 구원하시기를 기뻐하셨"습니다. "유대인은 표적을 구하고 헬라인(그리스인)은 지혜를 찾"기 때문입니다(고전 1:21-22).

그들은 지혜를 추구합니다. "마음의 생각이 교만한 자들"(눅 1:51)입니다. 자신의 지성과 지식과 학문과 이해력을 자랑합니다. 사물을 합리적으로 설명할 수 있는 사람들입니다. 자신들의 지성으로 모든 것을 상대하는 이들입니다. 그런데 우리는 하나님의 아들이 세상에 오신 결과로 그들이 흩어지고 내쫓기고 어리석어 보이게 된다는 말을 듣습니다. 그 말은 지금도 여전히 유효합니다.

인류의 오랜 역사 가운데 오늘날만큼 철학자들이 어리석은 꼴이 된 시절도 없었던 듯합니다. 철학자들과 과학자들은 인간이 진화하고 발전하고 진보하고 있으며, 인간의 노력으로 완전한 세계를 만들 수 있다고 100년 넘게 가르쳐 왔습니다. 그들은 그 내용을 믿었고 설파했고 우리에게 납득시켜 왔지만, 온 세상 앞에서 완전히 어리석은 모양새가 되고 있습니다. "마음의 생각이 교만한" 그들은 흩어져 버렸습니다(눅 1:51).

그렇지만 현대 역사보다 그들을 더 강하게 흩어 버리는 것이 있습니다. 바로 성탄절의 메시지입니다. 이 메시지는 그들이 하나님을 찾는 데 실패했다는 최종 증거입니다. 〈브레인즈 트러스트〉(Brains Trust; 전문가 패널이 청취자의 질문에 답하는 정보성 BBC 프로그램. 1941년에 라디오로 시작해 1949년에 텔레비전 프로그램이 되었고 1961년에 폐지되었다-옮긴이), 〈애니 퀘스천즈〉(Any Questions; 전문가 패널이 청취자의 질문에 답하는 BBC 라디오 프로그램-옮긴이) 등의 프로그램에서 종종 그런 사람들이 하는 말을 들으십니까? 그들이 불멸이나 여러 다양한 문제들을 늘어놓는 어리석은 말을 들으십니까? 저는 그들이 무척이나 어리석어 보입니다.

그들은 모릅니다. 그들은 지식이 없고 이해력이 없습니다. 신비를 이해해 보려고 노력하지만 이해할 수가 없습니다. 그들은 완전히 실패했습니다. 그들은 하나님에 관해 나름의 생각을 갖고 있지만 그것으로 만족하지 못합니다. 어떻게 만족할 수 있겠습니까? 어떻게 하나님을 정의할 수 있겠습니까? 어떻게 유한한 정신의 인간이 영원한 것, 무한한 것, 절대적인 것을 아우를 수 있겠습니까? 결국 그들의 어리석음만 드러날 것입니다. 그렇지 않겠습니까? 이것이 바로 "〔그가〕 마음의 생각이 교만한 자들을 흩으셨"다고 한 마리아의 말의 의미입니다(눅 1:51).

"이 세상이 자기 지혜로 하나님을 알지 못하므로"(고전 1:21). 제 말을 오해하지 마십시오. 저는 여기서 지성을 매도하려는 것이 아닙니다. 철학을 매도하려는 것도 아닙니다. 저는 지성의 교만, 지식의 교만, 이해력의 교만을 비판하려 합니다. "나는 충분하고 완전하다"라고 말하는 현대인의 태도 말입니다.

그 말은 이렇게 이어집니다. "하나님? 그래, 좋아. 테이블에 올려놔 보라고. 내가 검사해 보고 하나님에 대한 내 생각을 말해 주지." 저는 바로 이것을 비판하고 있고, 이 땅에 오신 그리스도께서는 이런 태도를 흩어 버리시고, 이런 말을 하는 자들의 어리석음을 드러내십니다.

사람들은 온갖 지혜와 능력과 학식에도 불구하고 하나님께 이르지 못했습니다. 그들은 완전히 실패했습니다. 그들은 "만약 ~라면 어떨까? 어쩌면, 아마도 ~일 가능성이 있다"라고 말할 뿐 그 이상 넘어가지 못합니다. 이 세상은 자기 지혜로 하나님을 알지 못합니다.

우리 주님은 이것을 폭로하십니다. 그러나 물론

거기서 멈추지 않으십니다. "마음의 생각이 교만한 자"(눅 1:51)는 다른 방식으로도 흩어집니다. 참된 지혜를 마주하고서도 그들은 그것을 알아볼 수 없었습니다. 사도 바울이 이것을 아주 탁월하게 표현합니다. 바로 이 지점에서 지적으로 교만한 자들의 어리석음이 드러납니다. 그들은 자신이 지혜로우며 진리를 보면 바로 파악할 수 있다고 말합니다. '진리를 추구하는 자'로 자처하기를 좋아합니다. 그러나 그것은 복음을 부인하는 태도입니다.

여러분도, 다른 어떤 사람도 진리를 찾아낼 수 없습니다. 진리는 계시되는 것이기 때문입니다. 그런데 진리를 추구하는 이들이 있었습니다. 그들은 이렇게 말했습니다. "우리가 원하는 것은 진리뿐입니다. 진리를 주십시오. 진리를 보여 주십시오. 진리에 도달하도록 도와주십시오. 우리가 원하는 것은 그것뿐입니다."

그때 진리가 갑자기 나타나 한 사람의 모습으로 그들 앞에 섰습니다. 그러나 그들은 그분을 알아보지 못했어요. 사도 바울은 그것을 이렇게 표현했습니다. "이 지혜는 이 세대의 통치자들이 한 사람도 알지 못하였나니 만일 알았더라면 영광의 주를 십자가에 못 박지 아니하였으리라"(고전 2:8).

그들은 이렇게 말했습니다. "말도 안 돼! 목수가 하나님의 아들이라고? 터무니없군! 무식한 기술자가 하나님의 아들이라고? 불가능해! 오직 철학자만이 지혜롭고, 그들은 모두 학파에 속해 있어. 그런데 이 사람은 누구야?" 그들은 그분을 조롱했습니다.

"유대인은 표적을 구하고 헬라인은 지혜를 찾으나 우리는 십자가에 못 박힌 그리스도를 전하니 유대인에게는 거리끼는 것이요 이방인에게는 미련한 것이로되"(고전 1:22-23). 그들은 복음이 미련한 것이라고 말함으로써 자신들의 미련함을 드러냈습니다. 그들은 자신들의 눈앞에 성육하여 서 있는 진리를 알아보지 못했습니다.

그러므로 마리아는 더없이 옳습니다. "(그가) 마음의 생각이 교만한 자들을 흩으셨고"(눅 1:51). 제가 앞서도 말한 것처럼, 복음은 하나님이 선택하신 방식으로 그 일을 탁월하게 해냅니다. 하나님이 사람들에게 지혜를 보내기로 결정하셨을 때 아기와 목수, 말하자면 평범한 사람의 모습으로 보내셨습니다. 그리스인들과 현자들과 지성을 자랑하는 자들이 절대 할 수 없었던 일을 하나님은 이 비범한 방식으로 해내십니다.

이런 순간에 지혜로운 자들과 교만한 자들은 우주의 웃음거리일 뿐입니다. 그들은 그 누구보다도 지성을 뽐내면서 하나님의 지혜, 하나님의 능력, 하나님의 구원의 길을 거부합니다. 하나님은 마음의 생각이 교만한 사람들을 참으로 흩으십니다.

'교만'을 깨뜨리다

둘째, "[그는] 권세 있는 자를 그 위에서 내리치셨"습니다(눅 1:52). 이것은 성경이 다루는 큰 주제입니다. 하나님은 언제나 이 일을 하십니다. 그분은 사람들 마음에 있는 궁극의 죄가 교만이라는 것을 아십니다. 그들은 지성을 뽐내고, 자리를 뽐내고, 힘을 뽐내고, 지위를 뽐냅니다. 하나님은 언제나 교만과 싸우시고 교만을 파괴하시고 넘어뜨리십니다.

하나님이 유대인들의 나라에서 이 일을 어떻게 하셨는지 보십시오. 자신들의 힘과 기량, 군대를 뽐내는 세상 나라들이 있었습니다. 그러나 하나님은 아브라함이라는 한 사람에서 시작해 그분을 위한 나라를 만드셨습니다. 팔레스타인이라는 아주 작은 땅을 차지한 아주 약한 나라였습니다. 그분의 작은 나라는 앗수르, 바벨론, 니느웨, 기타 온갖 강력한 왕조들 한복판에서 작은 땅덩이를 차지하고 있었습니다. 이것이 하나님의 방식입니다. 그리고 하나님은 언제나 그분의 백성을 들어 쓰심으로 이 강력한 나라들을 조롱하시고 넘어뜨리셨습니다.

이러한 사실은 다윗과 골리앗의 위대한 이야기에서 완벽할 만큼 전형적으로 표현됩니다. 여기, 힘 있는 자리에 앉은 강한 골리앗이 있습니다. 그는 온 세상을 파괴하겠다고 으르고, 아무도 강력한 힘을 가진 그에게 대항하지 못합니다. 그런데 풋내기 소년이 칼과 갑옷도 없이 나타납니다. 그에게는 무릿매하나와 돌멩이 다섯 개뿐입니다. 그는 무릿매로 돌멩이 하나를 던지고 골리앗의 이마를 맞춰 그를 쓰러뜨립니다. 그렇게 폭군 같은 강력한 적을 무찌릅니다.

이것이 세상을 다루시는 하나님의 방식입니다. 하나님이 늘 해 오신 일입니다. 하나님이 아들 안에서 행하고 계신 일입니다. 하나님은 위대한 족장, 위대한 왕 대신 아기를 보내십니다. 그런 일이 죽 이어졌습니다.

느부갓네살의 경우를 보십시오. 그는 수많은 나라를 정복했고 아주 부유했습니다. 스스로를 신으로 높였고 사람들에게 자신을 경배하라고 말했습니다. 그런데 그에게 무슨 일이 벌어졌는지 아십니까? 경배를 요구한 지 채 몇 달이 지나지 않아 그는 들에서 소처럼 풀을 뜯는 처지가 되었습니다. 손톱이 맹금류의 발톱처럼 길게 자랐고 머리카락은 몸을 덮었으며 몸에는 이슬이 내렸습니다. 완전히 미친 자가 되었습니다. 무슨 일이 일어난 것입니까? 오, 하나님이 "권세 있는 자를 그 위에서 내리치"신 것입니다.

그리고 하나님이 마침내 최고의 방식으로 그 일을 하셨습니다. 왕의 왕, 주±의 주±께서 이 세상에 오셨을 때 마구간으로 임하신 것입니다. 여러분의 내면에서 거룩한 웃음이 느껴지지 않는다면 과연 자신을 그리스도인이라고 생각할 수 있을는지 모르겠습니다. 하나님께 감사하게도, 이것이 복음이고 구원입니다.

하나님은 우리가 그동안 생각했던 모든 것, 우리가 자랑했던 모든 것을 뒤엎으시고 뒤집으십니다. 권세 있는 자들? 하나님이 그들을 그 자리에서 끌어내리실 것입니다. 그분은 그동안 그 일을 해 오셨습니다. 그리고 지금도 여전히 그 일을 하고 계십니다.

누군가가 일어나 자신이 다스릴 거라고, 온 세상의 신이 될 거라고 말해도 두려워할 필요가 없습니다. 그는 끌어내림을 당할 것입니다. 모든 독재자는 몰락했습니다. 그들 모두가 몰락합니다. 마귀와 그자에게 속한 모든 것이 마침내 불못으로 들어가고 영원히 멸절될 것입니다. 하나님의 아들은 그 일을 하시고자 세상에 오셨습니다.

'자기 의'를 깨뜨리다

셋째로, 그분이 "부자는 빈손으로 보내셨"습니다 (눅 1:53). 이 말씀은 단순히 물질적 의미보다 주로 도덕적 의미로 받아들여야 합니다. 하나님의 아들이 이 세상에 오신 목적이 무엇입니까? 부자들을 빈손으로 보내기 위해서입니다. 이것이 제가 사복음서에서 발견한 위대한 이야기입니다. 젊은 부자 관원을 보십시오. 부자였고 돈이 많았습니다. 그는 자신이 도덕적으로도 부유하다고 자부하며 이렇게 말했습니다. "나는 이런 모든 것(계명)은 어려서부터 다 지켰습니다"(눅 18:21, 새번역).

도덕, 윤리, 의로움 면에서 그는 참으로 부유해 보였습니다. 그러나 하나님의 계명들을 모두 지킨 젊은 부자 관원, 의로움이 넘쳤던 그가 인간이 되시고 서른 살에 가르치기 시작하신 하나님의 아들, 베들레헴의 아기 앞에 서서 그분의 얼굴을 들여다보고 그 말씀에 귀를 기울였을 때, 이야기의 결말이 어떻게 되었습니까? 그는 근심하며 떠났습니다. 교만한 마음으로 왔다가 근심하며 떠났습니다. 그의 부는

겉만 번지르르한 것으로 보이게 되었습니다.

그는 많은 사례 가운데 하나일 뿐입니다. 그의 문제는 바로 바리새인들의 문제였고, 그래서 그들은 우리 주님을 미워했습니다. 그래서 그들은 마침내 그분을 십자가에 못 박아 죽이기로 공모했습니다. 하나님의 아들이 바리새인들에게 오신 목적은 그들을 빈손으로 보내기 위해서였습니다. 그들은 너무나 부유했습니다.

하나님의 아들이 전하는 설교를 듣고 난 뒤 그들은 자신들의 의로움이 사라져 버리는 것을 보았습니다. 그들이 뽐내던 모든 것, 흡족해하던 모든 것, 자부심을 느끼던 모든 것이 사라졌습니다. 한 번도 간음한 적이 없는 그들의 특별한 의로움도 사라졌습니다. 하나님의 아들이 이렇게 말씀하셨기 때문입니다. "잠깐, 음욕을 품고 여인을 본 적이 있느냐? 마음속으로 그녀와 간음한 적이 있느냐? 그것이 중요한 것이다."

그들의 의는 사라졌습니다. 그들은 모두 죄인이었습니다. 그들은 자신들이 무고하다고 생각했지만 그렇지 않았습니다.

주님은 산상설교를 통해 그들에게 하나하나 설명해 주셨습니다. 하나님의 율법의 영적 특징을 보여 주셨습니다. 하나님의 율법을 완벽하게 지켰다고 생각한 그들은 자신이 모든 면에서 유죄라는 사실을 알게 되었습니다. 그리고 그들은 그분을 증오했습니다. 왜 그랬을까요? 그분이 그들을 빈손으로 보내셨기 때문입니다. 그들은 스스로 부자라고 생각하는 자들이었기 때문입니다.

이것이 그분이 늘 해 오신 일입니다. 사람들은 예수 그리스도의 얼굴을 들여다보기 전에는 스스로와 자신의 삶에 대단히 만족해합니다. 그러나 그분을 보고, 그분이 하나님의 율법을 해석하는 말씀을 듣는 순간 이렇게 말하게 됩니다. "의인은 없다. 한 사람도 없다"(롬 3:10, 새번역).

어떤 사람이 말합니다. "나는 좋은 사람이다. 규범을 지키는 사람이다. 이 사람보다 낫고, 저 사람보다는 훨씬 낫다. 좋은 일도 많이 한다. 괜찮은 사람이다." 성전에서 비슷한 말을 했던 바리새인처럼 말입니다(눅 18:11).

이후 그는 하나님의 율법이 뭐라고 말하는지 알게 됩니다. "네 마음을 다하며 목숨을 다하며 힘을 다하며 뜻을 다하여 주 너의 하나님을 사랑하고 또한 네 이웃을 네 자신같이 사랑하라"(눅 10:27). 이 말씀 앞에 서자 그는 자신이 율법을 지키는 일을 시작도 못했고 어디에도 이르지 못했음을 깨닫습니다.

그는 "심령이 가난한 자는 복이 있나니"(마 5:3) 하시는 그리스도의 말씀에 귀를 기울이지만, 속에 가득한 교만 때문에 이미 정죄를 받은 상태이고 빈손으로 돌아갑니다. 그리스도는 "온유한 자는 복이 있나니"(마 5:5)라고 말씀하시지만 그는 온유함과 거리가 멉니다. "의에 주리고 목마른 자는 복이 있"건만(마 5:6) 그는 자신의 의를 뽐냅니다. 그래서 빈손으로 돌아서는 것입니다.

오, 하나님의 아들은 언제나 부자들을 빈손으로 돌려보내십니다. 정말로 그분을 알고 그분의 가르침을 이해하게 되면 온 세상이 하나님 앞에서 유죄라는 것을 깨닫게 됩니다. "모든 사람이 죄를 범하였으

매 하나님의 영광에 이르지 못하더니"(롬 3:23). 우리 모든 사람이 그렇고, 우리 가운데 최고라는 사람도 마찬가지입니다. 우리의 의는 그저 더러운 옷과 같습니다.

위대한 사람 사도 바울에게서 이것을 아주 잘 볼 수 있습니다. 바울이 다소 사람 사울이었을 때 얼마나 멋진 사람이었습니까! 그는 이스라엘 사람 중의 이스라엘 사람, 히브리인 중의 히브리인이요, 베냐민 지파 사람이었습니다. 당대 대부분의 사람들보다 주 하나님을 더 잘 알았습니다.

그런 그가 불현듯 그리스도를 만났고, 그가 뽐내던 재산과 흡족하게 여기던 부富는 다 배설물, 쓰레기, 불결한 것이 되었습니다. 그는 그 "모든 것을 …… 배설물로" 여긴다고 말했습니다(빌 3:8). 희망이 없었습니다. 그는 빈손으로 돌려보내졌습니다. 그는 아무것도 아니었습니다. 맨몸이 되었고 발가벗겨졌습니다. 그는 이렇게 말합니다. "전에 율법을 깨닫지 못했을 때에는 내가 살았더니 계명이 이르매 죄는 살아나고 나는 죽었도다"(롬 7:9). 그에게는 아무것도 남지 않았습니다. 부자는 빈손으로 돌려보내집니다.

복음서 곳곳에 이와 같은 예가 등장합니다. 마리아는 그것을 보았던 것입니다. 그녀는 번쩍이는 한 순간에 그것을 어렴풋이 보았습니다. 하나님은 언제나 이 일을 하십니다. 인간이 자랑하는 모든 것, 그의 지성, 이해력, 능력, 사회적 지위, 영향력, 의, 도덕성, 윤리, 규범, 이 모두가 하나님의 아들로 말미암아 철저히 허물어지는 것이 보이지 않습니까?

세상 복과 다른 하나님의 복

하나님의 복은 인간이 생각하고 자랑하는 모든 것과 정반대됩니다.

누가 복을 받는가

첫째, 하나님이 어떤 사람들에게 복을 주시는지 보십시오. 복받는 사람들이 누구입니까? 대답은 "아기들", "비천한 자들"입니다. 바울은 고린도 교인들에게 이렇게 말합니다. "형제들아 너희를 부르심을 보라 …… 지혜로운 자가 많지 아니하며 능한 자가 많지 아니하며 문벌 좋은 자가 많지 아니하도다 …… 하나님께서 …… 세상의 약한 것들을 택하사 강한 것들을 부끄럽게 하려 하시며 …… 세상의 천한 것들과 멸시받는 것들과 없는 것들을 택하사 있는 것들을 폐하려 하시나니 이는 아무 육체도 하나님 앞에서 자랑하지 못하게 하려 하심이라"(고전 1:26-29).

누가 복받은 자들입니까? "의에 주리고 목마른 자는 복이 있나니." "심령이 가난한 자는 복이 있나니." "애통하는 자는 복이 있나니." "온유한 자는 복이 있나니"(마 5:1-12 참조). 이런 사람들입니다. 보잘것없는 사람들. 하나님은 그들에게 복을 주십니다.

세상은 그런 사람들을 보지 않습니다. 세상은 위대한 사람들, 영향력 있는 사람들, 능력 있는 사람들, 훌륭한 사람들을 봅니다. 하지만 하나님이 행하고 계시며, 우리 하나님은 세상과 정반대로 행하십니다.

복이 임하는 길

둘째, 하나님이 복을 주시는 방식을 보십시오. 이것이 성탄절 메시지의 특별한 영광입니다. "이 세상이 자기 지혜로 하나님을 알지 못하"지만(고전 1:21) 하나님이 돌연 그분의 지혜와 계시를 보내십니다. 인간은 애써 찾아도 거기에 도달할 수 없습니다. "오직 하나님이 성령으로 이것을 우리에게 보이셨으니 성령은 모든 것 곧 하나님의 깊은 것까지도 통달하시느니라"(고전 2:10).

우리는 그리스도의 마음을 갖고 있습니다. 우리는 지혜로워졌습니다. 남자든 여자든 하나님을 알 수 있는 길이 여기에 있습니다. 플라톤, 소크라테스, 아리스토텔레스와 그 뒤를 잇는 대단한 세속 철학자들이 찾지 못한 지혜가 자신은 그것을 찾을 수 없다고 인정하는 자들, 아기들에게 선물로 거저 주어집니다.

주 예수 그리스도를 믿는 사람들은 하나님에 대한 지식이 있습니다. 그들 안에 있는 생명에 대한 이해, 자신에 대한 이해는 자연적 의미에서 볼 때 세상에서 가장 유능하고 지혜로운 사람들에게 전혀 없는 것입니다. 그들의 말을 들어 보십시오.

제가 알기로 복음 전도를 위한 최고의 준비는 사람들에게 버트런드 러셀과 줄리언 헉슬리 등이 하는 말을 들어 보라고 하는 것입니다. 그들에게 인간과 삶과 죽음과 하나님에 관한 설명을 요청해 보라고 하는 것입니다. 그들에게는 내놓을 말이 전혀 없습니다. 그들은 모릅니다! 그들은 파산 상태입니다.

가장 소박하고 무지한 그리스도인은 대단한 철학자들이 절대로 알지 못할 지식과 이해를 갖추고 있습니다. "천지의 주재이신 아버지여 이것을 지혜롭고 슬기 있는 자들에게는 숨기시고 어린아이들에게는 나타내심을 감사하나이다 옳소이다 이렇게 된 것이 아버지의 뜻이니이다"(마 11:25-26).

세상에서 가장 지혜로운 부류는 이 소박한 그리스도인들입니다. 그들은 내일을 두려워하지 않습니다. 죽음을 두려워하지 않습니다. 자신이 하나님과 올바른 관계에 있다는 것을 압니다. 세상이 지금 같은 상태라는 데 놀라지 않습니다. 놀라는 쪽은 도리어 세상에서 위대하다고 평가받는 사람들입니다.

그들은 이렇게 말합니다. "이해할 수가 없어. 지금은 20세기잖아. 우리는 더 많은 것을 알고 있어. 서로 만나고 있고, 국제적인 회의도 열고 있다고. 그런데 세상은 왜 이 모양이지?" 그들은 그것을 이해하지 못합니다. 왜일까요? 죄에 관해 아무것도 모르기 때문입니다. 죄는 그들 안에 있습니다. 그들은 죄를 가득 품고도 죄를 이해하지 못합니다. 그들에게는 하나님이 주시는 지혜, 그리스도 안에서 찾아오는 계시가 없습니다.

높이시는 분

그다음, 하나님이 우리를 어떤 방식으로 높이시는지 보십시오. "권세 있는 자를 그 위에서 내리치"신 반면, "비천한 자를 높이셨"습니다(눅 1:52). 여러분이 누구든 그리스도인으로서 어떤 자리에 있든 중요하지 않습니다. 그리스도인이라면 모두 하나님의 자녀입니다.

여러분의 이름이 신년에 발표되는 훈장 수여 대상자 명단에 오르지 않을 수 있습니다. 사람들이 여

러분 이름을 한 번도 듣지 못하거나 〈타임*Times*〉지가
여러분에 대해 아무것도 모를 수 있습니다. 하지만
하나님께 감사하게도, 여러분은 하늘나라 궁정 기사
에 실리는 하나님의 자녀, 천국 왕족의 일원입니다.

요한에 따르면, 하나님은 우리를 "왕들이자 하나
님을 섬기는 제사장들"(계 1:6, KJV)로 삼으셨습니다.
제사장들의 나라, 하나님의 자녀, "하나님이 정하신
상속자요, 그리스도와 더불어 공동 상속자"(롬 8:17, 새
번역)라고 말할 수도 있습니다. 하나님이 우리를 높이
셨습니다.

"온유한 자는 복이 있나니 그들이 땅을 기업으로
받을 것임이요"(마 5:5). 어느 세상 유력인의 유언에
우리 이름이 들어가 있지 않더라도 상관없습니다.
가난하고 무식하고 세상이 모르는 사람이라도 그리
스도인이라면 하나님의 유언장에 이름이 올라 있습
니다. 우리는 그리스도와 함께 유업을 이어받을 공
동 상속자입니다. 그분과 함께 통치할 것입니다. 세
상을 심판할 것이고 하나님의 아들과 더불어 천사들
을 심판할 것입니다.

우리의 높아짐은 여기에 있습니다. 권세 있는 자들을 그 자리에서 끌어내리시고 비천한 자들을 높이셨습니다. 하나님의 이름을 찬양합시다!

채우시는 분

끝으로, 참으로 놀라운 구절이 있습니다. "주리는 자를 좋은 것으로 배불리셨으며"(눅 1:53). "의에 주리고 목마른 자는 복이 있나니"(마 5:6). 왜 그렇습니까? 오, "그들이 배부를 것"(마 5:6)이기 때문입니다. 우리는 주께서 "부자는 빈손으로 보내"신(눅 1:53) 것을 보았습니다. 이제 그 반대를 보십시오.

주린 자들, 자기가 역겨운 죄인이라고 느끼는 사람 말입니다. 자신이 비열하다고 느끼는 사람, 스스로를 이해할 수 없는 사람, 자기가 부패했다고 느끼는 사람, "내 속 곧 내 육신에 선한 것이 거하지 아니하는 줄을" 안다고(롬 7:18) 스스로에게 말하는 사람, "오호라 나는 곤고한 사람이로다 이 사망의 몸에서 누가 나를 건져 내랴"(롬 7:24)라고 탄식하는 사람, "내가 하는 모든 일이 잘못되었다. 훼손되었다. 죄악된 것이다. 내 최선의 행동들도 야비하다. 내게는 올바른 것이 전혀 없다. 나는 내가 싫다. 스스로를 구해낼 수가 없다. 이처럼 비참한 나에게 무슨 일을 할 수 있단 말인가?"라고 말하는 사람……

그는 어떻게 될까요? 그는 "좋은 것으로 배부를" 것입니다. 좋은 것이 무엇입니까? 의義입니다. 그는 의에 주리고 목마릅니다. 심령이 가난하고, 자신의 죄성과 자신이 저지른 죄 때문에 애통해합니다. 무엇을 해야 할지 모릅니다. 그리스도께서는 그런 사람이 복이 있다고 말씀하십니다. 그는 의로 배부를 것입니다. 이것은 하나님이 우리를 의로운 존재로 만드시려고 그분의 아들을 이 세상에 보내셨다는 뜻입니다.

우리는 스스로 의로워질 수 없습니다. 온 세상이 실패했습니다. 어떤 의미에서 사람들은 자기만의 맹목적 방식으로 의를 추구하지만 성공할 수 없습니다. 그런 발상 자체가 잘못되었습니다. 그런데 어느 날 갑자기 그들이 각성하여 죄를 깨닫습니다. 그리고 의를 원하게 됩니다. 그리고 갑자기 의를 받습니다. 이 모든 은혜가 그리스도 안에 있습니다. "그리스도는 모든 믿는 자에게 의를 이루기 위하여 율법의 마침이 되시니라"(롬 10:4).

이것은 말도 안 되는 소리처럼 들립니다. 그래서 사람들은 이것을 믿지 않습니다. 그러나 이것이 복음입니다. 이 말의 의미를 아십니까? 죄 가운데 태어나고 불법 가운데 만들어진 내가 있습니다. 나는 죄를 지었습니다. 내 본성은 비열하고 부패했습니다. 나는 파멸에 이를 절망의 덩어리입니다.

복음은 내게 무엇을 말해 줍니까? 복음은 주 예수 그리스도를 참으로 믿고 나를 그분께 맡기면 그분의 의가 내게 임한다고 말합니다. 내가 평생 단 한 번도 죄를 짓지 않은 것처럼 깨끗해집니다. 하나님은 내가 의롭다고 선언하십니다. 내 계좌에 그리스도의 의를 넣어 주십니다. 나는 거지이고, 장부가 텅 비어 있고, 저주를 받아 망한 사람입니다. 그런데 갑자기, 하나님의 아들의 부가 내 계좌에 들어왔습니다. "(그가) 주리는 자를 좋은 것으로 배불리셨으며"(눅 1:53). 그분이 배불리셨습니다.

그러므로 여러분이 누구든(지금까지 여러분은 영적, 도덕적 의미에서 누더기를 걸친 거지였을 수 있습니다) 좋은 것으로 배부르게 되고, 그리스도의 의로 옷 입고, 하나님과의 평화를 만끽할 수 있습니다. 마음의 평화를 누릴 수 있습니다. 더 이상 죽음을 두려워하지 않고, 심판을 두려워하지 않습니다. 내면의 평화와 하나님과의 평화로 배부를 수 있습니다. 만족할 수 있습니다! 이것이 성탄절의 메시지입니다.

> 이 세상 나를 버려도
> 나 두려움 없네
> 내 한량없는 영광은
> 십자가뿐이라.
> ― 엘리자벳 세실리아 클리페인(1830-1869)

자녀들에게 주시는 완전한 선물 。

이 얼마나 놀라운 성탄절 선물입니까! 하나님은

이것을 우리에게 건네십니다. 복음은 평화협회에 합류하라거나 여기저기 또는 업계에서 평화를 위한 조직을 만들기 시작하라는 권고 정도가 아닙니다. 그런 일은 나중에 해도 되는데, 혹시 여러분은 거기서 시작하셨습니까?

여러분은 배부르십니까? 하나님을 아는 지식으로 배부르십니까? 그리스도의 의로 배부르십니까? 마음의 평화를 얻으셨습니까? 삶과 죽음, 무덤과 심판과 지옥에 대한 두려움이 사라지셨습니까? 주님이 주시는 기쁨을 누리고 계십니까? 환난 중에도, 갖가지 상황, 사건, 위험 앞에서도 즐거워할 수 있습니까?

"주리는 자를 좋은 것으로 배불리셨으며"(눅 1:53).

영원하신 아버지는 그분의 자녀, 상속자들에게 모든 선과 모든 완전한 선물을 주십니다.

자족은 정말 멋지지 않습니까? 얻을 수 없는 것을 얻고자 끝없이 애쓰거나 자신에게 결코 오지 않을 것들을 추구하는 대신 만족하는 것 말입니다.

"우리가 믿음으로 의롭다 하심을 받았으니 우리 주 예수 그리스도로 말미암아 하나님과 화평을 누리

자 또한 그로 말미암아 우리가 믿음으로 서 있는 이 은혜에 들어감을 얻었으며"(롬 5:1-2). 우리는 영원히 주시는 분이시고, 관대함과 복 주실 능력이 무한하신 아버지 하나님께 다가가게 되었습니다. 더욱이 우리는 "하나님의 영광을 바라고 즐거워"합니다(롬 5:2). 그분은 주린 자들을 좋은 것들로 배불리셨습니다.

여기서 좋은 것이란 성령의 열매를 말합니다. 하나님은 사랑, 희락, 오래 참음, 자비, 양선, 충성, 온유, 절제로 그들을 배불리셨습니다. 바울은 에베소 교인들에게 보낸 편지에서 그들을 위해 기도한다고 밝힙니다. 그는 '그리스도의 사랑이 그들의 마음에 들어가기를, 그들이 그 사랑의 너비와 길이와 높이와 깊이를 깨닫기를, 지식을 초월하는 그리스도의 사랑을 알게 되어 하나님의 온갖 충만하심으로 그들이 충만해지기를' 기도합니다(엡 3:17-19 참조, 새번역).

이것이 구원의 메시지입니다. 복음의 좋은 소식입니다. 마리아는 번쩍이는 한순간에 이것을 감지했습니다. 이것을 말했습니다. 이것을 표현해 냈습니다. 이것이 복음입니다. 하나님이 하신 일, 하나님이 건네실 선물입니다.

　마리아는 이렇게 말합니다. "나는 이해할 수 없지만, 내게서 태어날 이 사람이 온 인류의 은인이 될 것입니다. 그분이 은혜를 베푸실 것입니다. 모든 것을 반전시키실 것입니다. 지적으로 교만한 자들, 권세 있는 자들, 자기만족에 빠져 도덕적 부자로 자처하는 자들을 무너뜨리실 것입니다. 그러나 보통 사람들은 그분의 말씀을 기꺼이 들을 것입니다. 그분은 우리를 영원토록 당황하게 하는 지혜, 지식, 이해를 주실 것입니다. 그분은 우리를 하나님의 자녀이자 자신과 함께 유업을 받을 공동 상속자로 만드실 것입니다. 그분은 우리를 그분 자신으로 채우시고, 끝내 영광으로 채우실 것입니다."

　사랑하는 교우 여러분, 이런 메시지를 들어 보셨습니까? 천사들이 찬양하고, 그분이 누구신지 왜 이 세상에 오셨는지 진정 알게 될 때 모두가 찬양하는 것이 당연하지 않습니까?

　혹시 여러분은 너무 지혜로워서 이런 메시지를 받아들일 수가 없으십니까? 만약 그렇다면 여러분이 기대할 만한 것은 결국 흩어지는 일뿐입니다.

여러분은 너무 크고 대단해서 자기를 낮출 수가 없으십니까? 그렇다면 여러분은 끌어내려질 것입니다. 임종의 자리에서 무력함과 막막함과 절망 속에서 자신에게 아무것도 없음을 깨닫게 될 것입니다.

여러분은 부자입니까? 그렇다면 사실은 빈손이고 아무것도 없음을 깨닫게 될 날이 올 것입니다.

그러니 자신을 낮추십시오. 자신의 필요를 보십시오. 주 예수 그리스도를 믿으십시오. 그분은 베들레헴에서 태어난 아기, 갈보리의 그리스도시며, 부활하여 다시 사신 영광스러운 분이요, 지금 이 순간 하나님의 우편에 앉아 계신 왕의 왕, 주의 주이십니다. 다시 오셔서 다스리실 왕이십니다.

그분의 발 앞에 엎드리십시오. 그분을 믿으십시오. 그분께 자신을 드리십시오. 그러면 그리스도의 영광스러운 부요함이 여러분 안에 흘러넘치도록 그분이 가득 채워 주실 것입니다.

3

성육신,
헤아릴 길 없는
'신실하심'의 극치

고대하던 진정한 왕, 진정한 사랑의 강림

◎

⁵⁴ 그분은 그의 자비를 기억하사

자신의 종 이스라엘을 도우셨으니

⁵⁵ 우리 조상들과 아브라함과 그의 씨에게

영원히 말씀하신 대로 하신 것이라.

누가복음 1장 54-55절, KJV

▲

먼저, 저는 이 부분에서 KJV 성경의 번역을 바로
잡아야 한다고 생각합니다. 55절에서 "말씀하신"의
대상을 "우리 조상들"로만 한정해야 한다고 봅니다
(개역개정 및 새번역 성경은 여기서 마틴 로이드 존스가 주장한 대
로 번역되어 있다-편집자). 다음과 같이 읽자는 말입니
다. "그는 자비를 기억하셔서, 자기의 종 이스라엘을
도우셨습니다. 우리 조상들에게 말씀하신 대로, 그
자비는 아브라함과 그 자손에게 영원토록 있을 것입
니다"(새번역).

이렇게 바로잡는 것이 중요한 건 KJV 성경의 번역

은 그분이 말씀하신 대상이 조상들뿐 아니라 아브라함과 그의 씨(자손)까지 이어진다는 인상을 주기 때문이지요. 곧 보겠지만 어떤 의미에서는 옳은 말이기도 합니다. 하지만 이 대목에서는 제가 말한 것처럼 번역해야 중심 내용이 더 잘 드러납니다.

이제 마리아의 찬가로 되돌아가 좀 더 살펴보겠습니다. 동정녀 마리아는 세례 요한의 어머니 엘리사벳의 인사를 받고 나서 이 비범한 진술을 내놓았습니다. 이것은 아주 놀라운 발언입니다. 기독교 메시지, 기독교의 복음, 기독교 신앙의 핵심이자 기본 특징이 담겨 있다는 면에서 특히나 놀랍습니다.

여기서 가장 중요한 핵심은 하나님의 아들이 이 세상에 오심으로써 하나님의 성품이 드러났다는 사실이고, 마리아는 이것을 알아본 듯합니다. 우리는 앞에서 이 부분을 살펴봤습니다. 그리고 하나님의 인격과 성품의 일부 속성들이, 성육신이라는 위대한 사건과 사실 안에서 얼마나 명백하고 공공연히 드러났는지 마리아가 제시하는 것을 보았습니다. 그녀는 혼과 영으로, 자신의 전 존재로 하나님을 찬양하고 그분의 위대하고 거룩한 이름을 드높입니다.

그다음 우리는 '복음은 인간이 생각할 법한 모든 것을 뒤집는다'는 사실을 마리아가 대번에 깨닫는 것을 매우 인상적인 방식으로 보았습니다. 우리는 인간으로서는 상상할 수 없는 일, 하나님이 하실 법하다고 생각한 일과 정반대되는 사건들이 벌어지는 것을 보았습니다. 이것이 하나님이 하신 일입니다. "능하신 이가 큰일을 내게 행하셨으니 그 이름이 거룩하시며"(눅 1:49). "그의 팔로 힘을 보이사 마음의 생각이 교만한 자들을 흩으셨고 권세 있는 자를 그 위에서 내리치셨으며 비천한 자를 높이셨고"(눅 1:51-52).

이것이 복음의 위대한 특징입니다. 하나님께 감사합시다! 예수님은 의인들이 아니라 죄인들을 구원하러 오셨습니다. 그분은 이렇게 말씀하십니다. "건강한 자에게는 의사가 쓸 데 없고 병든 자에게라야 쓸 데 있느니라 나는 의인을 부르러 온 것이 아니요 죄인을 부르러 왔노라"(막 2:17).

하나님께 감사하게도, 복음은 이런 말씀으로 시작한다고도 볼 수 있습니다. "심령이 가난한 자는 복이 있나니 …… 애통하는 자는 복이 있나니 …… 온유한 자는 복이 있나니 …… 의에 주리고 목마른 자는 복이 있나니"(마 5:3-6). 마리아는 이 모든 것을 먼저 취했습니다. 마리아의 찬가는 어떤 의미에서 산상설교, 그중에서도 팔복의 개요입니다.

우리는 마리아의 위대한 진술의 여러 측면을 살펴보았습니다. 그 안에는 이처럼 구속救贖의 복음이 가지는 위대한 핵심 특징들에 관한 설명이 가득합니다. 이제 우리는 찬가로 되돌아가 특별히 두 절의 내용을 자세히 살펴보고자 합니다. 이 구절들에서 하나님의 아들이 이 세상에 오셨을 때 벌어진 일과 관련된 무언가를 떠올리게 되기 때문입니다. 그것은 신앙의 여러 측면과 성경의 가르침 전체 중에서도 우리를 정말 크게 위로하는 내용입니다.

성육신을 묵상하다

바로 성육신이 예언이 성취된 최고의 사례요, 하

나님이 약속을 신실하게 지키심을 보여 준 최고의
사례라는 것입니다. 우리가 처한 세계 상황을 고려
할 때 이것은 더욱 큰 위로로 다가옵니다.

지금이 그리스도인들에게 쉽지 않은 시기라는 데
우리 모두 동의할 것입니다. 기독교회 전체가 유난히
어려운 나날을 보내고 있습니다. 지금 시기를 19세
기의 기록과 비교해 보십시오. 19세기에는 사람들이
예배 장소로 가는 것이 관습이었고, 모두가 그래야
한다고 생각했습니다. 그 이후 얼마나 큰 변화가 일
어났는지요! 너무나 많은 그리스도인이 낙심했습
니다.

그러므로 이 묵은해를 보내는 마지막 주일(1959년
12월 27일) 오전에 성육신의 이 메시지, 성탄의 메시지
에 비추어 우리가 처한 상황을 살펴보고, 그 메시지
가 전하는 위대한 사실 자체에 덧붙여 그 사실이 좀
더 일반적인 방식으로 우리에게 말하는 바를 살펴보
는 작업은 아주 의미 있고 중요합니다.

제가 볼 때 여기에는 분명하게 도드라지는 세 가
지 원리가 있습니다.

성육신, 하나님 약속의 완전한 성취 .

성육신의 메시지에 담긴 첫 번째 원리는, 그리스
도께서 이 세상에 오심이 하나님이 하신 모든 약속
의 성취라는 것입니다. 이것이 마리아가 실제로 말
하는 바입니다. "그는 자비를 기억하셔서, 자기의 종
이스라엘을 도우셨습니다. 우리 조상들에게 말씀하
신 대로, 그 자비는 아브라함과 그 자손에게 영원토
록 있을 것입니다"(눅 1:54-55, 새번역).

구속에 대한 위대한 언약의 약속은 그 누구보다
아브라함에게 가장 분명하게 제시되었습니다. 물론
아브라함 이전에도 그 약속이 있기는 했지만, 그 약
속에 관한 정의, 명백한 진술은 아브라함과 그의 자
손을 통해 온 세상이 복을 받을 거라는 말씀이 그에
게 주어질 때 등장합니다(창 13:15 참조).

마리아는 엘리사벳의 인사를 받고서 지금 일어나
는 일, 즉 하나님의 아들이 자기 태에서 날 거라는 사
실의 중대함을 즉시 깨닫습니다. 그녀는 천사장 가
브리엘이 아이에 관해 했던 말을 기억합니다. 당시

에는 그 말을 이해하지 못했지만 이제는 이해하고 "그가 큰 자가 되고 지극히 높으신 이의 아들이라 일 컬어질 것"(눅 1:32)이라는 말을 깨닫기 시작합니다. 엘리사벳이 이어서 하는 말의 의미도 이해하기 시작 합니다. "여자 중에 네가 복이 있으며 네 태중의 아이 도 복이 있도다 내 주의 어머니가 내게 나아오니 이 어찌 된 일인가"(눅 1:42-43).

그리고 이 구절에서 마리아는 하나님이 친히 약 속하신 이 모든 일을 이제 성취하실 것임을 깨닫습 니다. 그것은 '아브라함과 그 자손에게 영원토록 있 을 자비' 덕분입니다. 그러나 그 일이 어떻게 이루어 질까요? 마리아는 그 일이 그분이 그분의 종 이스라 엘을 도우심으로 이루어진다고 말합니다. 여기서 돕 다는 '구조하다', '거들다', 더 낫게는 '들어올리다'라는 뜻입니다. 이스라엘은 바닥에 내던져진 상태입니다. 누군가 그들을 들어올리고 구원해야 합니다. 원수가 그들을 쓰러뜨렸지만, 누군가가 와서 그들을 구하고 붙잡아 일으켜 세워 줍니다.

그러므로 마리아는 사실상 이렇게 말하는 것입니

다. "내가 낳을 아들은 예언되고 예견되고 약속된 구주이십니다. 그분이 오십니다. 아브라함에게 약속된 모든 것, 그 큰 자비가 지금 여기에 있습니다. 말 그대로 자비가 나타나고 일하고 있습니다."

물론 마리아는 주로 구원 자체를 말하는 것이고, 이 진술은 너무나 의미심장합니다. 하나님은 구원, 죄 용서, 하나님과의 화해에 관한 약속을 아브라함에게 주셨습니다. 그런데 우리가 너무나 자주 잊어버리는 것이 있습니다. 하나님은 다가오는 이 구원이 아직 세상에 태어나지 않은 아브라함의 자손을 통해 이루어질 거라고 말씀하셨다는 사실입니다. 아브라함은 그것을 온전히 이해하지 못했지만 거기에 자신의 믿음을 걸 만큼은 이해했습니다. "아브람이 여호와를 믿으니 여호와께서 이를 그의 의로 여기시고"(창 15:6).

바울은 로마서 4장과 갈라디아서 3장에서 이 구절을 위대한 논증으로 다듬어 냅니다. 우리 주님께서도 유대인들에게 이렇게 말씀하신 적이 있습니다. "너희 조상 아브라함은 나의 때 볼 것을 즐거워하다가 보고 기뻐하였느니라"(요 8:56). 바로 구원을 말씀하시는 것입니다. 아브라함이 하나님의 위대한 구원, 죄 용서와 화해가 그의 자손으로 이 세상에 오실 누군가에 의해 궁극적으로 이루어질 것임을 즉각 깨달았다(아주 선명하게는 아니지만 분명히 보았다)는 의미입니다.

마리아는 여기서 아주 근본적인 진술을 하고 있습니다. 그녀는 상황의 본질을 알아보고 '그 일이 지금 일어나고 있다고' 말합니다. 그리고 이것이 구약 성경 전체의 요지입니다. 구약 성경 전체가 이 사건을 고대했다는 사실을 깨닫는 것이 더없이 중요합니다. 이스라엘 자손들은 큰 복을 받았습니다. 그들은 하나님의 "친백성"(딛 2:14, 개역한글)이었습니다. 세상 다른 어떤 백성이나 민족과도 달랐고, 하나님은 그들에게 복을 쏟아부어 주셨습니다.

그러나 그들이 모든 것을 다 가졌다고 생각하는 오류를 범해서는 안 됩니다. 그들이 받은 것은 결국 약속이 전부였습니다. 그것으로 충분했습니다. 하나님께 감사하게도, 그것으로 충분했습니다. 그러나 그들은 그 이상은 아무것도 갖지 못했습니다.

신약 성경 여러 군데에서 이를 자세하게 설명하고 있습니다. 갈라디아서 3장에 이와 관련된 엄청난 진술이 나오고, 히브리서 11장 끝에서도 같은 내용이 아주 놀라운 방식으로 펼쳐집니다. "이 사람들은 다 믿음으로 말미암아 증거를 받았으나 약속된 것을 받지 못하였으니 이는 하나님이 우리를 위하여 더 좋은 것을 예비하셨은즉 우리가 아니면 그들로 온전함을 이루지 못하게 하려 하심이라"(히 11:39-40). 그들은 약속된 것을 받지 못했습니다. 그들이 받은 것은 약속하신 것에 대한 약속이요, 약속이 성취될 것이라는 보장이었습니다.

이것이 구약 성경을 이해할 열쇠입니다. 성막과 성전으로 가서 번제와 소제(곡식제사)와 제물을 바치는 사람들을 보십시오. 그들은 동물을 죽이고 피를 뿌리고 제물로 바치고 제단 앞에 놓는 일을 합니다. 왜 그렇게 합니까? 그 일에 담긴 의미가 무엇일까요? 정답은 그 일이 당분간 그들의 죄를 가려 준다는 것이었습니다.

히브리서 10장에서 이 논증을 전개하고 있습니다. "이는 황소와 염소의 피가 능히 죄를 없이 하지 못함이라"(히 10:4). 맞습니다. 못합니다. 죄는 그저 가려질 뿐이었습니다. 황소와 염소는 위대한 실체의 오심을 가리키는 모형에 불과했습니다. 그것들이 죄를 정말로 처리하지는 못했습니다.

그러나 그것들은 하나님이 죄를 처리할 방법을 갖고 계시다는 암시였고, 마리아는 그 일이 지금 일어나고 있다고 말합니다. 여기 약속된 자비가 있습니다. 하나님은 아브라함과 그의 자손에게 자비와 긍휼을 베푸시겠다고 약속하셨습니다. 그들의 죄는 용서받아 빽빽한 구름이 흩어지듯 사라질 것이고, 그들은 하나님의 자녀이자 영광의 상속자가 될 것입니다. 그들이 제사와 희생 제물을 통해 경험했던 모든 것은 약속의 성취가 아니었습니다. 그것은 약속을 하고 그 약속이 성취될 방법을 조금 알려 주는 또 다른 방법일 뿐이었습니다.

그러나 마리아는 위대한 실체이신 분이 여기에 계신다고 말합니다. 이제 하나님은 아브라함과 그 자손에게 영원히 약속하신 모든 자비를 성취하실 것입니다. 그리고 이것은 구원의 길이 하나뿐이라는 뜻입니다. 모든 구원과 구원의 모든 측면이 이 한 가지 길로만, 예수 그리스도, 하나님의 아들, 죄를 위한 제물이 되어 십자가에 못 박히신 분을 통해서만 온다는 뜻입니다. "오직 나를 위하여 한 몸을 예비하셨도다"(히 10:5).

무엇을 위해서일까요? 하나님의 어린양이 되기 위해서, 죽임을 당하기 위해서, 제물로 드려지기 위해서입니다. 한 번의 영원한 제사에서 말입니다. "세상 죄를 지고 가는 하나님의 어린양"(요 1:29).

이것이 마리아가 말하는 내용입니다. 여기 모든 자비의 성취가 있습니다. 예수 그리스도, 십자가에 못 박히신 그분을 떠난 곳에는 용서가 없습니다. 그분을 떠나서는 하나님에 관한 참지식이 없습니다. 그분을 떠나서는 어떤 복도 없습니다.

사도 바울이 고린도후서 1장 20절에서 말한 바와 같습니다. "하나님의 약속은 얼마든지 그리스도 안에서 예가 되니 그런즉 그로 말미암아 우리가 아멘

하여 하나님께 영광을 돌리게 되느니라."

"그는 …… 자기의 종 이스라엘을 도우셨습니다"(눅 1:54, 새번역).

여기 아브라함의 자손 이스라엘이 있습니다. 그러나 그들은 율법 아래 있고 율법의 정죄를 받습니다. 그들은 자유롭지 못합니다. 속박되어 포로 상태에 있습니다. 감사하게도 약속에 의지하여 살고 있지만 그 이상은 없습니다.

여기 약속의 위대한 성취가 있습니다. 구약의 모든 선지자, 시편 기자, 선견자들은 바로 이것을 바라보았습니다. 그들은 앞을 내다보고 있습니다. 그들은 이것이 모든 약속을 이루고 개개인이 자비를 경험하도록 해 줄 거라는 것을 압니다. 이 모두는 우리 주와 구주이신 예수 그리스도와 그분이 이 세상에 계실 때 하신 일, 그리고 그분이 영광 가운데 지금 계속해서 행하시고 적용하시는 일 안에서 그 일을 통해 이루어집니다.

이것이 성육신이 예언이 성취된 최고의 사례라는 일반적 진술의 첫 번째 측면입니다.

이제 두 번째 측면을 보겠습니다. 아브라함은 그와 그의 자손을 통해 온 세상이 복을 받을 거라는 또다른 약속도 받았습니다. 하나님이 복을 약속하신 대상에는 그의 자손뿐 아니라 온 세상도 포함됩니다. 유대인들, 옛 이스라엘의 자손들은 바로 이 지점에서 너무나 서글프게 넘어졌습니다. 그들은 하나님이 아브라함에게 그의 육체적 자손인 그들이 복을 받을 거라고 약속하셨을 뿐만 아니라, 세상 모든 나라가 오실 그분을 통해 복을 받을 거라고도 약속하셨음을 깨닫지 못했습니다.

"유대인 중에서뿐 아니라 이방인 중에서도"(롬 9:24).

이것이 로마서를 이해하는 열쇠입니다. 유대인들은 구원이 자신들만을 위한 것이라고 생각했습니다. 우리 주님이 자신은 이스라엘 집의 잃어버린 양들만을 위해서 온 것이 아니라고 말씀하시며 그 이상의 것을 암시하셨을 때 그들은 크게 당황했습니다. 그들은 구원이 이방인들에게 주어질 거라는 말에 번번이 걸려 넘어졌습니다. 그러나 아브라함에게 그 약속이 주어졌고, 그것을 알아볼 통찰력을 받은 마리아는 그 약속을 기뻐합니다.

여기 세상의 구주이신 분이 계시고, 그분은 당연히 그 사실을 아셨습니다. 이것이 요한복음 12장 사건에 대한 설명입니다. 거기서 그리스인(헬라인)들이 안드레에게 다가와 이렇게 말했습니다. "우리가 예수를 뵈옵고자 하나이다"(요 12:21). 우리 주님은 당시에는 그들을 만나시지 않지만 이렇게 말씀하셨습니다. "내가 땅에서 들리면 모든 사람을 내게로 이끌겠노라"(요 12:32). 그분은 모든 나라가 구원의 대상임을, 그분의 구원이 유대인에게 한정되지 않고 이방인들에게도 열려 있음을 밝히셨습니다.

베드로도 여기에 걸려 넘어졌고 고넬료의 집을 방문하는 일과 관련해 환상을 받았습니다. 그 환상의 메시지는 이것이었습니다. "하나님께서 깨끗하게 하신 것을 네가 속되다 하지 말라"(행 10:15). 이방인들에게도 문이 열렸습니다.

"아브라함과 그 자손"(눅 1:55)이라는 말씀이 아니었다면 여러분과 저는 그리스도인이 되지 못했을 것입니다. 아브라함의 자손이 누구입니까? 할례를 받은 자들뿐 아니라 할례를 받지 않은 자들도 여기에 해당합니다. 아브라함의 믿음을 가진 모든 사람입니다. 아브라함은 모든 신자의 조상입니다.

아브라함은 우리 주와 구주이신 예수 그리스도를 통해 하나님을 믿는 모든 사람의 조상입니다. 하나님께 감사하게도, 우리가 그리스도인이라면 곧 아브라함의 씨(자손)입니다. 이것이 갈라디아서 3장에 담긴 주장입니다.

마리아는 여기서 이 모든 것을 간단하게 표현합니다. "그는 자비를 기억하셔서, 자기의 종 이스라엘을 도우셨습니다. …… 그 자비는 아브라함과 그 자손에게 영원토록 있을 것입니다"(눅 1:54-55, 새번역). 이것은 전적으로 우리 주와 구주이신 예수 그리스도 안에서 그분을 통해서만 주어집니다.

우리 모두가 이것을 기쁘게 여기고 더없이 분명하게 알고 있을까요? 예수 그리스도를 떠나서는 하나님을 알 수 없습니다. 그분을 떠나서는 하나님과 화해하지 못합니다. 바로 그분 안에서 하나님은 "자기의 종 이스라엘을 도우셨습니다"(눅 1:54, 새번역). 그분 안에서 하나님은 아브라함과 그 자손에게 영원히 하신 모든 은혜로운 약속을 지키십니다.

하나님께로 가는 길은 하나뿐입니다. 예수 그리스도, 못 박히신 그분 안에만 그 길이 있습니다. 그분께서 말씀하셨습니다. "내가 곧 길이요 진리요 생명이니 나로 말미암지 않고는 아버지께로 올 자가 없느니라"(요 14:6).

지성소에 담대하게 들어갈 길은 하나뿐입니다. 히브리서 10장 19절이 말하는 대로 "예수의 피를 힘입"는 것입니다. 마리아의 찬가에서 마리아는 이 모든 것을 표현해 내고 있습니다.

성육신, 그분의 일하시는 방식을 보여 주시다.

성육신의 메시지에 담긴 두 번째 원리는, 그리스도의 오심이 하나님이 복 주시는 방법 또는 방식을 보여 준다는 것입니다. 저는 그리스도의 오심이 하나님의 모든 약속의 성취라고 말했습니다. 맞습니다. 이제 하나님이 그 일을 하시는 방식에 주목해 봅시다. 그리스도의 오심은 하나님이 그분의 약속을 성취하시고 자비를 나타내시는 그분의 방법, 방식을 환히 드러내 줍니다.

그것을 알기 위한 열쇠는 '기억하심'이라는 표현에 있습니다. "그는 자비를 기억하셔서, 자기의 종 이스라엘을 도우셨습니다. 우리 조상들에게 말씀하신 대로, 그 자비는 아브라함과 그 자손에게 영원토록 있을 것입니다"(눅 1:54-55, 새번역). 다시 말하지만, 이것이 구약 성경 전체의 핵심이라 할 수 있습니다.

"기억하셔서"라는 구절을 살펴봅시다. 여기에 성경이 주는 위로와 위안이 있습니다. 마리아는 마치 자신에게 이렇게 말하는 듯합니다. '무슨 일이 벌어지는 거지? 아, 하나님이 마침내 그분의 약속을 기억하신 거야. 그분의 약속, 그분의 자비, 아브라함과 수 세기에 걸쳐 우리 조상들에게 하신 모든 말씀을 기억하신 거야!'

마리아가 말하는 것은 첫째, 하나님이 잊으신 듯 보인다는 것입니다. 그렇지 않습니까? 그분은 약속하신 바를 잊으신 것처럼 보입니다. 그분은 아브라함에게 자비를 약속하셨습니다. 언제 그 약속을 하셨습니까? 답은 가히 놀랍습니다. 하나님이 아브라함에게 그 약속을 하신 것은 마리아가 이 노래를 부르기 무려 2천 년 전이었습니다. 2천 년!

이것이 하나님의 방법입니다. 하나님은 어느 날 밤에 아브라함을 부르시고 말씀하십니다. "천막에서 나와라. 여기 서서 하늘의 별들을 바라보아라. 별들을 셀 수 있느냐? 네가 해변의 모래를 보고 있다고 상상해 보아라. 거기 모래 알갱이 개수를 셀 수 있느냐? 네 자손이 이와 같으리라. 땅의 모든 족속이 너로 말미암아 복을 얻을 것이다"(창 12:3;15:5; 32:12 참조).

그러나 2천 년이 흐르도록 메시아는 오지 않았습니다. 하나님이 약속을 잊으신 걸까요? 그분의 약속에 어떤 가치가 있을까요?

자, 여기에 교훈이 있습니다. 여기에 위로와 위안

이 있습니다. 우리가 시간을 가늠하는 척도와 우리의 달력의 관점에서 하나님을 판단하는 것만큼 어리석은 일은 없습니다. 오늘날 교회에는 낙심한 그리스도인들이 너무나 많습니다. 그들은 이렇게 말합니다. "아, 어쩌면 결국 고등비평(성경에 관한 비판적 연구 방법의 하나. 성경 각 문서의 자료, 연대, 저자와 역사적·사상적 배경 따위를 학문적으로 연구한다-옮긴이)가들이 옳은지도 몰라. 그들은 예언 같은 것은 없고, 장래를 예견할 수 없으며, 또 우리가 하나님의 약속에 관해 말하는 모든 내용이 허튼소리라고 하잖아. 기독교는 우리가 실천해야 하는 약간의 윤리와 도덕일 뿐인지도 몰라."

사람들은 낙심하고, 진짜 그런 게 아니냐고 묻습니다. "하나님이 약속하신 일들은 어디 있나요? 하나님의 약속들을 여전히 믿는 사람들이여, 그 약속들이 왜 이루어지지 않습니까? 하나님은 왜 이런저런 악한 일들을 허용하시지요?"

이와 같은 말은 참으로 어리석은 말이요, 주장입니다. 마리아가 부른 노랫말 "기억하셔서"라는 문구를 들은 사람이라면, 그런 말을 해서는 안 됩니다. 마리아는 이렇게 말하는 것이니까요. "지금 무슨 일이 일어나고 있지요? 하나님이 2천 년 전에 약속하신 바를 성취하고 계시잖아요!"

우리 그리스도인들이 세상 사람들과 똑같이 생각하고 철학의 어리석은 방법을 구사하여 '항상 계시고 영원하신 하나님'을 이해하려 드는 것을 부끄럽게 여겨야 합니다. "기억하셔서."

"주께는 하루가 천 년 같고 천 년이 하루 같다"(벧후 3:8).

시편 기자는 절망의 순간에 이렇게 외칩니다. "하나님께서 은혜를 베푸시는 일을 잊으신 것일까?"(시 77:9, 새번역) 물론 잊지 않으셨습니다. 그것은 성경을 모르는 사람이 하는 소리일 뿐입니다. 그는 하나님을 모릅니다. 2천 년 후에 기억하신 하나님을 모릅니다.

저는 여기에 한 가지를 덧붙이고 싶습니다. 하나님은 2천 년 전에 이 약속을 하시고 수많은 세월과 세기가 지나도록 오지 않으셨을 뿐 아니라, 그보다 훨씬 더 맥 빠지는 일이 있었다는 것입니다. 마리아가 이 말을 할 당시, 이스라엘에는 400년 동안이나 예언의 말씀이 없었습니다. 마지막 선지자는 말라기였고 그가 사역한 지 400년이 지났습니다. 상상이 되십니까? 우리는 하나님이 즉시 대답하지 않으시면 안달이 나서 어쩔 줄 모르지 않습니까! 그런데 그분의 선택된 백성이 400년 동안 한마디 말씀도 받지 못했습니다.

그런데 지금 무슨 일이 벌어지고 있습니까? 마리아는 이렇게 말합니다. "오, 지금 벌어지는 일이 바로 이거군요. 하나님이 여전히 계시고 여전히 기억하시는군요!"

이것이 하나님이 복 주시는 방식의 첫 번째 원리입니다. 우리 모두 개인적으로 경험해서 이것을 어느 정도 알고 있습니다. '하나님은 결코 잊지 않으신다. 잊으실 수가 없다'는 교훈을 기억합시다. 처음부터 하나님은 끝을 보십니다. 그분은 영원한 현재 가운데 계십니다. 무한히 계십니다. 시간의 흐름 속이 아니라 시간 바깥에 계십니다. 그분은 우리처럼 상황을 보시지 않습니다. 잊으시는 것처럼 보이지만 잊지 않으십니다. 그러니 하나님이 잊으신 것 아닌

가 하는 생각이 들거든 성육신을 바라보십시오. 그
것이 여러분을 괴롭히는 두려움 앞에 내놓는 영원한
해답입니다.

명백한 패배를 허락하실 때

마리아의 말에서 드러나는 하나님이 복 주시는
방법의 두 번째 내용은 이것입니다. 하나님은 잊으
시는 것처럼 보일 뿐 아니라 자기 백성이 패배하는
것도 허락하시는 것처럼 보인다는 것입니다.

하나님은 아브라함을 갈대아인들의 우르에서 불
러내셨고 엄청난 말씀과 약속을 주셨습니다. 그의
후손들로 한 민족을 만드시고 이 민족을 복 주셨습
니다. 그렇습니다. 하지만 몇 년 지나 이 민족은 애굽
에 갇혀 노예 생활을 합니다. 공사 감독관들과 그들
의 채찍을 보십시오. 바로의 독재 아래 피 흘리고 신
음하는 그 백성을 보십시오. 하나님이 그 모든 것을
허용하셨습니다. 그들은 완전히 버림받고 패배하고
비참하고 조금의 희망도 없어 보였습니다.

바벨론 유배의 경우도 똑같은 상황입니다. 도시

가 파괴되었습니다. 하나님의 성은 돌무더기와 폐허로 전락했고 온갖 화려한 건물들은 무너졌습니다. 백성은 완전히 무력한 상태에서 노예로 사로잡혔고 바벨론으로 끌려가 포로 생활을 했습니다.

그 모든 일을 우리 하나님이 허락하셨습니다. 너무나 많은 것을 약속하셨던 하나님이 그 모든 일을 허락하셨습니다. 하나님은 앗수르인들을 포함해 여러 정복자들이 일어나도록 허락하셨고, 그 앞에서 이스라엘은 쩔쩔 매며 패배했습니다.

그리고 마리아가 찬가를 부르는 그 시간에도 유대인들과 그들의 땅은 로마제국에 점령되어 그들의 지배를 받는 상태였습니다. 그들은 또다시 속국이 되었고 로마의 지배 아래에서 무력감과 절망에 사로잡혀 있었습니다. 그들이 무엇을 할 수 있었을까요? 하나님이 이 모든 일을 허락하셨고, 그것이 그분 방법의 일부였습니다. 이것은 너무나 분명하게 드러납니다. 그렇지 않습니까? 하나님은 명백한 패배를 허락하십니다.

작은 격려들

하나님이 복 주시는 방법의 세 번째 원리가 있습니다. 이것으로 인해 하나님께 감사합시다. 이 모든 상황에도 불구하고 하나님은 간간이 계속해서 격려하신다는 것입니다.

하나님이 처음에 아브라함에게 약속을 주시고, 그것을 잊어버리신 것처럼 보이는 상황이 펼쳐집니다. 그 기간은 하나님이 그분의 백성을 버리셨든지 더 이상 그들에게 관심이 없든지 아니면 그들을 돕거나 구해 줄 힘이 없는 것으로 보일 만큼 너무도 길었습니다. 다만 우리가 완전히 절망하고 무너지지 않게 하시고자 하나님은 이따금씩 격려해 주셨습니다. "그는 …… 자기의 종 이스라엘을 도우셨습니다. 우리 조상들에게 말씀하신 대로, 그 자비는 …… 그 자손에게 영원토록 있을 것입니다"(눅 1:54-55, 새번역).

구약 성경을 죽 살펴보면 하나님이 아브라함에게 주신 약속을 다양한 방식으로 반복하셨음을 알 수 있습니다. 하나님은 그 약속을 이삭에게 반복하셨습니다. 야곱에게 반복하셨습니다. 유다에게 반복하셨습니다. 다윗에게도 반복하셨습니다. 같은 약속이 시편 일부와 선지서 일부에도 나옵니다.

하나님은 언제라도 메시지를 보내실 수 있습니다. 이스라엘 백성이 거의 포기하고 있을 때 하나님은 그 약속을 상기시키는 말씀을 주십니다. "나는 여전히 아브라함의 하나님, 이삭의 하나님, 야곱의 하나님이다." 그분이 언약의 하나님, 언약을 지키시는 하나님이라는 의미입니다. 그 약속은 여전히 유효하고 여전히 타당합니다.

제가 이것을 믿지 않았다면, 우리에게 아무런 소망이 없다고 이 강단에서 고백했을 것입니다. 어떤 사람들처럼 기독교회의 성공과 미래가 인간의 능력과 세력과 조직에 달려 있다고 믿었다면, 조직화된 캠페인 같은 것들이 정말 문제를 해결할 거라고 믿었다면, 저는 완전히 절망했을 것입니다.

지금 상황은 아주 안 좋습니다. 부흥을 달라고 계속 기도하는 것이 무슨 소용이 있을까요? 구약 성경 전체가 이에 대한 답변입니다. 구약 성경은 제가 믿는 하나님을 보여 줍니다. 하나님은 약속하시지만 그것을 잊으신 것처럼 보이고, 그분의 백성이 쓰러지고 패배하고 거의 파멸에 치닫는 상황까지 허락하십니다. 그 상태에서 그들은 절망에 빠져 쇠약해집니다.

하지만 감사하게도 하나님은 우리에게 약간의 격려를 주십니다. 하나님이 여전히 거기 계신다는 사실을 떠올리게 하십니다. 우리는 소나기를 달라고 기도하고 있습니다만, 이따금 작은 물방울들을 내리시는 하나님께 감사합시다. 가끔 마음이 따뜻해짐을 허락하시는 하나님께 감사합시다.

이것이 별것 아니게 보인다는 것, 저도 압니다. 그러나 작은 일들이 벌어지는 날들을 멸시하지 마십시오. 작은 일을 행하시는 하나님은 그분이 하실 수 있는 큰일의 표본을 보여 주시는 것입니다. "우리 조상들에게 말씀하신 대로" 말이지요. 그리고 그분은 지금도 그렇게 하십니다.

우리는 어려운 시기를 지나고 있고, 광야에 있으며, 가뭄을 겪고 있습니다. 그러나 하나님이 베푸시는 작은 격려 하나하나에 감사합시다. 하나님은 그분이 여전히 우리 조상들의 하나님이시며 그분의 약속은 확실함을 떠올려 주십니다. 그것이 그분의 방법입니다.

하나님의 타이밍이 있다

하나님의 방법이라는 표제 아래 제가 드릴 마지막 말씀은 하나님께는 그분이 선택하신 시간이 있다는 것입니다. 하나님이 그분의 아들을 세상에 보내신 그 특정한 순간을 예상한 사람이 있었을까요?

하나님은 바로 '그 때' 그 일을 하셨습니다. 왜일까요? '때가 찼기' 때문입니다(갈 4:4). 하나님의 방식을 이해하려고 하지 마십시오. 이 원리들을 붙잡으십시오. 여러분이 어떤 계획과 전략을 세워서 이런저런 달에 이런저런 일이 일어날 것임을 알 수 있다고 생각한다면, 매번 틀리고 말 것입니다. 그건 도저히 알아낼 수 없어요. 하나님께는 그분만의 시간이 있습니다. 그분만의 방법이 있고, 정해 놓은 시간이 있습니다. 그 때가 되면 하나님은 하겠노라 말씀하신 일을 하십니다.

하나님은 아브라함에게 시간을 알려 주지 않으셨습니다. 그분이 하신 말씀은 그의 허리에서 메시아가 나올 것이라는 게 전부였습니다. 그리고 하나님은 그 말씀대로 하셨습니다. 그분의 때에 하셨습니다.

제게는 이것이 부흥에 관한 놀라운 진실입니다.[*] 부흥도 결코 예언할 수 없습니다. 예측할 수도 없습니다. 너무도 놀라운 것은, 모든 것이 절망적이라 생각하고 포기하는 때에 하나님이 오십니다. 그분은 우리가 예상하는 때에 오시지 않습니다. 전에도 이 강단에서 드린 말씀입니다만 다시 말하겠습니다.

그런 이유로 설교는 너무나 낭만적인 일이 됩니다. 제가 아는 한, 이 강단은 세상에서 가장 낭만적인 곳입니다. 저는 강단에 오를 때 여기서 무슨 일이 벌어질지 전혀 모릅니다. 가끔 무언가 멋진 일이 일어날 것 같은 생각이 드는데 끝내 아무 일도 없습니다. 그런가 하면 메마른 상태로 강단에 올랐으나 하나님이 제 영혼에 복을 소나기처럼 부어 주시기도 합니다.

---

[*] Christopher Catherwood, *Martyn Lloyd-Jones: A Family Portrait* (Grand Rapids: Baker, 1994), p. 180.

하나님께는 그분의 시간이 있습니다. 그러니 이 원리들을 배우도록 합시다. 계속 전진합시다. 그리고 하나님께는 그분의 계획, 그분의 언약, 그분의 목적이 있고 그것을 틀림없이 이루실 것임을 아는 데 만족합시다.

성육신, 그분의 모든 약속이 이루어지리라는 보증.

성육신 메시지에 담긴 세 번째 원리는, 그리스도의 오심이 하나님이 모든 자손에게 주신 모든 약속이 성취될 거라는 보증이라는 것입니다. 우리는 이제 미래를 바라보고 있습니다. 성육신은 인류가 지금까지 바라본 모든 것뿐 아니라 장차 다가올 앞날의 모든 것까지 보장합니다. 하나님의 약속들은 아직 다 이루어지지 않았기 때문입니다. 아직 많은 약속이 남아 있습니다. 마리아는 아들의 출생이 '하나님은 그분의 약속을 신실하게 지키시고 그 약속은 하나도 버려지거나 없던 일이 될 수 없다'는 절대 중

거임을 깨달았습니다.

그렇다면 미래를 내다볼 방법이 여기 있습니다. 하나님이 그분의 아들을 세상에 보내신 것은 하나님이 행하시겠다고 약속하신 모든 일을 이루실 거라는 절대 보증과도 같습니다. 이것을 개인적 의미에서 생각해 보십시오. "하나님을 사랑하는 자 곧 그의 뜻대로 부르심을 입은 자들에게는 모든 것이 합력하여 선을 이루느니라"(롬 8:28). 이것은 약속입니다. 누군가는 묻습니다. "하지만 그것이 내게도 참이라는 것을 어떻게 알지요?" 성육신이 답입니다. 하나님은 그분의 모든 약속이 확실히 이루어진다는 증거, 이제껏 말씀하신 모든 것을 신실하게 지키신다는 궁극적 증거를 성육신 안에서 주셨습니다.

그러므로 그분의 약속은 여러분에게도 확실합니다. 여러분의 상태와 조건이 어떠하든, 여러분에게 어떤 일이 닥치든, 하나님은 이렇게 말씀하셨습니다. "내가 결코 너희를 버리지 아니하고 너희를 떠나지 아니하리라"(히 13:5). 하나님은 우리를 버리지도 떠나지도 않으실 것입니다. 물론 하나님이 그렇게 말씀하셨고, 우리는 그분이 약속을 지키고 이루신다는 절대적 증거를 갖고 있습니다. 하나님이 우리가 생각하는 방식으로 즉시 행하시지는 않습니다. 그러나 그분은 그 일을 분명히 행하십니다. 틀림없이 행하실 것입니다.

내 성화와 영화를 보증하시다

지금 우리는 여기서 하루 종일, 한 주 내내라도 우리 마음을 너끈히 사로잡을 주제를 다루고 있습니다. 한 번 헤아려 보십시오. 자신의 성화라는 면에서 이 문제를 생각해 보십시오.

여러분은 죄와 맞서 싸우고 있습니까? 때때로 그 싸움이 가망 없게 느껴집니까? 여기 해답이 있습니다. "너희 안에서 착한 일을 시작하신 이가 〔그 일을〕 그리스도 예수의 날까지 이루실" 것이다(빌 1:6). 하나님은 많은 아들들을 영광을 향해 이끌고 계시고, 여러분이 하나님의 자녀라면, 하나님이 여러분에게 마음을 두셨다면, 여러분이 그분의 계획 안에 있다면, 여러분이 그분이 선택하신 자들 가운데 하나라면, 하나님은 "티나 주름 잡힌 것이나 이런 것들이 없이"(엡 5:27) 마침내 결점이나 흠이 없는 상태가 될 때까지 여러분을 다루실 것입니다.

그분이 여러분을 완전하게 하실 것입니다. 여러분이 어리석게도 그분에게 저항한다면 그분이 징계하실 것입니다. 전갈로 치실 것입니다. 그분이 여러분을 두기 원하시는 곳에 여러분이 이를 때까지 끌로 다듬으실 것입니다. 그러니 하나님과 싸우지 마십시오.

"주께서 그 사랑하시는 자를 징계하시고"(히 12:6).

그분은 우리의 거룩을 위해, 우리의 성화를 위해 그 일을 하십니다. 하나님의 약속은 확실합니다. 결코 실패하지 않을 것입니다. 은혜에서 떨어지는 일 같은 것은 없습니다. 남자든 여자든 새 생명을 받았다면 그 생명은 최종 완성에까지 이를 것입니다. 하나님은 친히 그분에게 이끄신 자들, 선택하신 자들을 영원히 거룩하게 하십니다. "그가 거룩하게 된 자들을 한 번의 제사로 영원히 온전하게 하셨느니라"(히 10:14).

물론입니다! 그분은 하나님이시고 변하지 않으

십니다. 그분의 뜻은 좌절하는 일이 없습니다. 성육신이 여러분의 성화聖化와 궁극적 영화榮化를 보증합니다.

사실 이것을 깨닫기가 어렵습니다. 그러나 하나님이 아브라함과 그의 자손에게 주신 약속은 우리 죄가 용서받고 우리가 하나님과 화해할 거라는 것만이 아닙니다. 그분은 우리의 구원도 약속하십니다. 우리의 몸과 혼과 영이 완전히, 전적으로, 아무 흠 없이 완벽하게 구원받을 것입니다.

물론 이것을 깨닫기는 너무나 어렵습니다. 여러분의 몸은 약하고 부서지기 쉽습니다. 제 몸도 마찬가지입니다. 여기저기 쑤시고 아픕니다. 낡은 장막은 허물어지기 시작하지만 여러분이 하나님의 자녀라면 그 몸은 영화롭게 될 것입니다.

"우리는 구주로 오실 주 예수 그리스도를 기다리고 있습니다. 그분은 만물을 복종시킬 수 있는 권능으로, 우리의 비천한 몸을 변화시키셔서, 자기의 영광스러운 몸과 같은 모습이 되게 하실 것입니다"(빌 3:20-21, 새번역).

이 얼마나 영광스러운 약속인지요!

마리아는 이렇게 말합니다. "이 모두가 여기, 이 사건, 성육신 안에 보장되어 있습니다. 하나님이 그 분의 약속들을 기억하셨습니다. 하나님은 하나님 이시고 신실하시니 그 모든 약속을 성취하실 것입 니다."

하나님의 백성을 모으시다

이제 이것을 큰 시각으로 생각해 봅시다. 지금 여 러분과 저는 이행기에 있고, 교회 전체도 그렇습니 다. 우리는 지금 어떤 시대에 살고 있습니까? 지금은 하나님이 해 아래 모든 민족들로부터 그분의 백성을 모으시는 때입니다. 때로는 그들이 한 명씩 오고, 때 로는 무리 지어 오고, 부흥기에는 수천 명씩 오기도 합니다. 이 일은 지난 2천 년 동안 진행되어 왔습니 다. 하나님이 교회를 모으고 계십니다. 하나님이 교 회를 완전하게 만들고 계십니다. 유대인들과 "이방 인의 충만한 수"(롬 11:25)가 들어오고 교회가 완전해 질 때까지 하나님은 계속 이 일을 하실 것입니다.

그다음에는 어떻게 될까요? 그리스도께서 다시 오셔서 그분의 백성을 영접하시고 모든 원수를 멸절하실 것이라고 약속하셨습니다.

교회가 걱정되십니까? 합리주의자들과 똑똑한 사람들이 마음에 걸리십니까? 그들이 기독교 신앙을 허물고 모든 것이 사라질까 봐 두려우십니까? 친애하는 교우 여러분, 여러분이 혹시 이런 상태라면, 성육신의 의미를 아직 이해하지 못한 것입니다.

하나님이 아브라함에게 약속하신 이후 흘러간 2천 년의 날들을 생각해 보십시오. 이스라엘 자손이 겪었던 패배들을 보십시오. 처절한 절망을 보십시오. 하나님은 마침내 약속을 지키셨고, 그 하나님은 지금도 동일하십니다.

교회의 최후

지금 교회는 쇠퇴하고 있습니다만, 그것이 뭐 그리 중요합니까? 교회는 하나님의 것입니다! 그리고 하나님은 교회가 그분이 뜻하신 지점에 이르도록 하실 것입니다. 그리스도께서 다시 오실 것입니다. 그분이 처음 오셨을 때처럼, 모든 사람이 아무 소망이 없다고 느끼고 절망하고 교회는 끝났고 이제 어떤 일도 할 수 없다고 말할 때, 아마도 그때 그리스도께서 다시 오실 것입니다. 오셔서 원수들을 흩으실 것입니다.

오만한 자들과 권세 있는 자들을 낮추시고 그들을 그 자리에서 끌어내리시고 주린 자들을 좋은 것들로 배불리시고 부유한 자들을 빈손으로 보내실 것입니다. 그분은 오셔서 세상을 의로 심판하실 것이고, 악과 죄와 지옥과 사탄과 모든 것은 영원히 타는 불못에 던져질 것입니다. 그리고 그리스도께서는 그분의 영광스러운 나라, 영광과 권세와 능력의 영원한 나라가 도래하게 하실 것입니다. 그분은 모든 것 위에 계실 것이고, 마침내 그 나라를 아버지께 돌려드릴 것입니다.

여러분과 저, 그리스도인들은 그 나라와 그 영광에 들어갈 것입니다. 우리는 세상을 심판할 것입니다. 천사들을 심판할 것입니다. 하나님의 아들의 영광과 승리에 참여할 것입니다. 하나님이 이것을 약속하셨습니다. 이것은 아브라함에게 주신 약속의 일부입니다. 그리고 하나님의 방법은 구약 시대에 적용되었던 것과 여전히 동일합니다.

하나님은 잊으신 것처럼 보이고, 세상은 조롱합니다. "그리스도가 다시 오신다는 약속은 어디 갔느냐?"(벧후 3:4, 새번역)

우리가 계속해서 내놓을 답은 하나님은 하나님이시고, 인간과 같지 않으시며, 그분께는 천 년이 하루 같고 하루가 천 년 같다는 것입니다. 하나님께는 그분의 시간이 있습니다. 하나님은 그분의 백성에게 많은 일들이 벌어지는 것을 그분의 지혜 가운데 허락하십니다. 그들을 온전해지게 하시려고, 가르치시며 훈련하시기 위해, 또한 하나님의 궁극적 영광을 위해 그렇게 하십니다.

하나님은 때가 찼을 때 마리아의 태를 통해 그분의 아들을 보내신 것처럼, 하늘에서 다시 아들을 보내실 것입니다. 그분이 거룩한 천사들을 거느리고 구름을 타고 오게 하실 것입니다.

햇빛을 받는 곳마다

주 예수 왕이 되시고

이 세상 끝날 때까지

그 나라 왕성하리라.

— 아이작 와츠

"그는 자비를 기억하셔서, …… 우리 조상들에게 말씀하신 대로, 그 자비는 아브라함과 그 자손에게 영원토록 있을 것입니다"(눅 1:54-55, 새번역).

감사하게도 성육신은 하나님이 신실하시다는 궁극적 증거이자, 그분의 모든 약속이 완전하게 성취될 것이라는 명백한 보증입니다.

4

내 구주
예수로
다시 태어나다

다시 오실 그분을 기다리는 삶

◎

⁴⁶ 마리아가 이르되

내 영혼이 주를 찬양하며

⁴⁷ 내 마음이 하나님 내 구주를 기뻐하였음은

⁴⁸ 그의 여종의 비천함을 돌보셨음이라

보라 이제 후로는 만세에 나를 복이 있다

일컬으리로다

⁴⁹ 능하신 이가 큰일을 내게 행하셨으니

그 이름이 거룩하시며.

누가복음 1장 46-49절

▲

저는 이 구절들만 따로 떼어 내 관심을 기울이고
싶지 않습니다. 마리아의 찬가 '전체'를 특정한 각도
와 관점에서 바라보고 싶은데요. 이 찬가를 '마리아
가 자신에게 벌어지는 일, 하나님이 자신에게, 자신
을 위해, 자신 안에서, 자신을 통해 행하셨고 행하고
계시고 앞으로 행하실 일을 어떻게 인식했는지 표현

해 주는 진술'로 여기고 살펴보고 싶습니다.

제가 이렇게 하는 이유는 오늘이 묵은해를 보내는 마지막 주일 저녁이기 때문입니다. 이렇게 물을 수도 있겠습니다. "그것이 영적 세계와 무슨 상관이 있습니까?"

물론 어떤 의미에서 둘은 아무 상관이 없습니다. 하지만 우리는 여전히 육신 안에 있고 여전히 시간 속에 있습니다. 늘 시간의 관점에서 생각을 하는 우리가, 때때로 보다 일상적 영역에서 하는 일들을 영적 세계와 관련지어 하는 것은 현명한 일입니다. 물론, 저는 지금 자신을 돌아보는 습관, 우리가 서 있는 자리를 정확하게 알기 위해 자신의 위치와 상황을 점검하는 습관을 말하는 것입니다.

하루하루, 매주, 매달, 매년 계속 전진하기만 하고 멈춰서 그 모든 일의 의미, 그 모든 일의 목적과 종착점을 숙고하지 않는 것보다 더 쉬운 건 없습니다. 우리는 너무나 쉽게 환경과 상황과 사건과 사고의 지배를 받습니다. 이런 것들을 들여다봐야겠다고 항상 마음먹지만 어쩐 일인지 그럴 시간이 안 나고 무언가 다른 일이 끼어들어 하던 대로 하고 마는 경우가 많습니다.

이런 일은 영적 영역에서도 일어날 수 있습니다. 안타깝게도 주일마다 예배 처소로 나가면서도 그 일의 진정한 목표와 목적과 기능을 똑바로 보지는 못합니다. 이제는 예배 처소에 가는 것이 사람들의 일반적 습관이나 관습이라고 더 이상 말할 수 없지만, 여전히 단순한 습관이나 관습, 또는 다양한 개인적 이유로 그렇게 하는 사람들이 존재합니다. 사람들을 하나님의 집으로 이끄는 동기는 여러 가지가 있으니까요. 자신을 정직하게 돌아보면 이 말이 사실임을 분명히 알 수 있습니다.

복음을 듣고도 삶이 그대로라면 。

우리가 예배 처소에 가는 일의 진짜 목표, 진짜 목적을 직시하고 가느냐는 중요한 문제입니다. 복음을 듣는 일이 우리에게 어떤 의미가 있습니까? 이 해의 마지막 날에 묻기에 나쁘지 않은 질문입니다. 이번 한 해 동안 복음을 얼마나 자주 들으셨습니까? 그것이 여러분에게는 어떤 영향을 미쳤습니까? 작은 영향이라도 받았습니까? 중대한 변화가 있었습니까? 있었어야 마땅합니다. 모든 것이 달라졌어야 마땅합니다.

사도 바울은 이렇게 말합니다. "누구든지 그리스도 안에 있으면 새로운 피조물이라 이전 것은 지나갔으니 보라 새것이 되었도다"(고후 5:17). 이것이 기독교입니다. 우리 주님은 이것이 "거듭나는" 것이라고 말씀하십니다. 복음이 우리에게 진정으로 다가오면 바로 이와 같은 변화가 일어납니다.

복음이 그렇게 여러분에게 다가왔습니까? 복음을 듣고 어떻게든 달라졌습니까? 복음을 계속해서 듣는데도 우리가 무심하고 초연하게 반응해 아무 일도 일어나지 않고, 복음을 알기 전과 전혀 다를 바가 없다면 정말로 끔찍한 일이 아닙니까? 그것은 끔찍한 상태입니다.

이것은 저 혼자만의 생각이 아닙니다. 우리 주님

이 한번은 아주 분명하게 말씀하셨습니다. 결국 우리가 이 말씀, 이 복음에 어떻게 반응하고 행동하느냐로 심판받을 것이라고 말입니다. 대단히 엄중한 말씀입니다. 그분은 모든 남녀가 결국 그분의 복음과 직면해야 할 것이고 그 말씀에 응답해야 할 거라고 하셨습니다. "사람이 내 말을 듣고 지키지(믿지) 아니할지라도 내가 그를 심판하지 아니하노라 내가 온 것은 세상을 심판하려 함이 아니요 세상을 구원하려 함이로라 나를 저버리고 내 말을 받지 아니하는 자를 심판할 이가 있으니 곧 내가 한 그 말이 마지막 날에 그를 심판하리라"(요 12:47-48).

정신이 번쩍 들지 않으십니까? 복음을 전하는 설교에 귀를 기울이는 것보다 더 중요한 일은 없습니다. 주님께서는 우리가 결국 다시 복음을 마주할 것이라고 하셨기 때문입니다. 복음을 한 번이라도 들었다면 응답해야 할 것이고, 왜 믿지 않았느냐는 질문을 받을 것입니다. 그리스도인들, 복음을 믿은 사람들과 맞닥뜨릴 것이고, 변명은 통하지 않을 것입니다. 그들은 우리와 같은 예배당, 같은 교회 안에 앉아 있었고 같은 메시지, 같은 복음, 같은 내용을 들었습니다. "그들은 복음으로 구원받았는데 너희는 왜 구원받지 못했느냐?" 주님은 그렇게 말씀하시는 것입니다. 그러니 이 복음과 관련해 우리의 위치를 정확히 아는 일이 너무나 중요합니다.

하나님의 은혜를 체험했는가.

이 문제를 이렇게 생각해 봅시다. 그리스도인이 된다는 것은 하나님의 은혜를 체험했다는 뜻입니다. 이것이 기독교의 본질입니다.

기독교를 여러 다양한 방식으로 정의할 수 있는데, 저는 약 300년 전에 살았던 스코틀랜드인 헨리 스쿠걸이 내린 오래된 정의를 자주 인용했습니다. 너무나 탁월한 정의이기 때문입니다. 그는 기독교가 "인간 영혼 안에 있는 하나님의 생명"이라고 말했습니다. 우리를 그리스도인으로 만드는 것은 우리가 하는 일이 아니라, 하나님이 우리에게 하시는 일입니다. 이것이 기독교의 본질입니다.

거듭남은 모두 하나님이 하신 일입니다. 인간의 일이 아니라 하나님의 일입니다. 위로부터 태어나는 것입니다. 하나님의 성령의 역사입니다. 그리스도인이 되는 것의 본질은 이처럼 하나님의 손에 달려 있고, 그것은 하나의 체험으로 나타납니다. 물론 여기에는 체험뿐만 아니라 이해의 요소도 있습니다. 이 외에도 다른 여러 요소가 있습니다. 그러나 이 체험은 반드시 거쳐야 하는 과정입니다.

이제 저는 이 체험을 자주 '기독교로 통용되는' 여러 다른 것과 대조해 보려고 합니다. 물론 이전에도 자주 언급했던 이야기입니다만, 혹시 몰라서 다시 말씀드리는 겁니다. 우리는 지금 우리 주님의 경고에 비추어 자기 점검을 진행하고 있으니까요. 지금 말하는 내용은 아무리 반복해도 지나치지 않습니다.

첫째, 기독교에 흥미가 있다는 것만으로 그리스도인이라 할 수는 없습니다. 얼마든지 기독교에 지적으로만 관심을 가질 수 있습니다. 기독교보다 더 흥미진진한 것은 없으니까요. 기독교는 세상에 있거나 세상이 지금까지 알았던 진리 체계 가운데 가장 놀랍습니다. 성경과 성경에 관한 책들을 공부하는 것은 꽤 흥미진진한 지적 활동이지요. 많은 사람이 그리스도인이 아니면서도 일생 동안 그 일을 했습니다. 이처럼 기독교에 지적으로만 관심을 가질 뿐 그 외의 다른 의미는 두지 않을 수 있습니다.

둘째로, 그리스도인이 된다는 것이 선하게 사는 삶을 의미한다고 생각하는 사람들이 있습니다. 특히 오늘날 이것이 유행이어서, 선을 행하는 사람을 보면 스스로 무슬림이나 힌두교 신자라고 밝히는데도 그를 그리스도인이라 여깁니다. 그들이 자신을 뭐라고 말하는지는 중요하지 않다고 보는 겁니다. 그들이 그리스도인으로 자처하지 않아도 틀림없이 그리스도인이라고 생각합니다. 이렇게 믿는 사람들은 우리의 행위나 선한 삶이 우리를 그리스도인으로 만든다고 생각합니다. 그러나 성경 어디에도 이런 내용은 없습니다. 오히려 이와 정반대입니다.

셋째, 어떤 이들은 그리스도인이 되는 것이 교회

예배에 참석하는 것을 말한다고 믿습니다. 특히 예배를 드리기 위해 아침 일찍 일어나거나 특정 자세를 취하는 것을 중요하게 생각합니다. "오, 그거 좋습니다. 멋지군요! 기독교! 특별하군요!" 그러나 그것은 여전히 사람이 하는 일입니다.

반면에 앞에서 본 기독교의 기본적 정의는 하나님이 우리에게 하시는 일이라는 것으로, 하나의 체험입니다. 그러니 그것에 비추어 우리 자신을 점검해 봅시다. 마리아가 자신의 체험을 두고 하는 말을 기준으로 사용하면 좋겠습니다. 그녀의 진술을 점검 수단으로 활용해 우리 자신을 시험해 봅시다. 여기 기록된 마리아의 체험은 여러 면에서 최초의 기독교적 체험이라고 할 수 있기 때문입니다.

마리아는 하나님이 그녀에게 하신 일에 자신이 어떻게 반응했는지 들려줍니다. 이 일을 두고 다음과 같이 말할 수도 있습니다. "마리아의 경우는 우리와 다르지요. 그녀는 아기를 낳을 거 아닙니까?" 그러나 마리아가 해명하다시피, 그녀의 체험에서 중요한 점은 그것이 아닙니다. 그녀는 그 일에 관해 많이 말하지 않습니다. 왜냐하면 여기에서 중요한 것은 마리아가 지금 무슨 일이 일어나는지, 하나님이 무슨 일을 하고 계시는지 깨닫는다는 것이기 때문입니다. 이것이 그녀가 찬가에서 나타내고자 하는 핵심입니다.

다시 말해, 마리아는 자신이 영적 체험을 하고 있음을 인식하고, 찬가를 통해 그리스도인의 거듭나는 체험이 중요하다는 사실과 거듭남의 기본적인 특징, 거듭남에 따르는 요소들을 알려 주고 있습니다.

표준화된 체험 양식은 없다.

그러니 이런 각도에서 그리스도인의 거듭나는 체험을 살펴보도록 합시다. 우선, 사람들에게 자주 장애물로 작용하는 요인부터 제거합시다. 이 체험의 시간적 요소, 보다 일반적으로 표현하자면 '이 체험이 찾아오는 방식'이라 할 수 있습니다. 저는 이 체험이 일정한 방식이나 양식으로 주어지지 않았다는 이유로 자신이 정말 그리스도인인지 의심하는 사람들을 많이 만났습니다. 마귀가 이 교묘한 덫을 놓아 많은 사람들의 기쁨을 훔쳐 갑니다. 마귀는 거듭남을 체험하는 데는 표준화된 양식 하나만 존재한다고 믿게 하고 싶어 합니다. 정확히 그런 신앙 체험을 하지 못하면 아예 그리스도인이 아니라고 생각하게 만들려는 것입니다.

거듭남의 표준화된 체험 양식 같은 것은 없다는 사실을 밝히는 데는 한 가지 이야기면 충분합니다. 그 체험은 때로 아주 갑자기 찾아올 수 있지만, 때로는 아주 서서히 찾아올 수도 있습니다. 갑작스레 체험했는지 서서히 체험했는지는 전혀 중요하지 않습니다. 체험을 했다는 사실만이 중요합니다.

그러나 다시 말하지만, 어떤 사람들은 이것 때문에 크게 염려합니다. 예를 들어, 존 번연의 《죄인의 괴수에게 넘치는 은혜_Grace Abounding to the Chief of Sinner_》를 읽는 사람이 있다고 상상해 보십시오. 그 책에서 가엾은 존 번연은 18개월 동안 끔찍한 회개의 고뇌를 겪었다고 이야기합니다. 번연은 자신의 죄, 무가치함, 수치를 의식했습니다. 그 일로 그의 영혼은 너무나 큰 괴로움을 겪었습니다.

한번은 그가 공기 중에서 나는 유황 냄새를 맡았다고 진지하게 말할 정도였습니다. 그는 자신이 정말로 비참한 사람이라고 느꼈습니다. 또 한번은 어찌나 불행하다고 느꼈는지 들에서 풀을 뜯는 거위 떼를 부러워했습니다. 자신이 동물이기를 바랐습니다. 자신이 겪는 끔찍한 괴로움, 몇 달 동안 계속 이어진 회개의 고통을 몰랐으면 좋았을 거라고 생각했습니다.

그런데 정확히 번연과 같은 경험을 하지 않으면 그리스도인이 되지 못한 거라고 생각하는 사람들이 있습니다. 그들은 18개월이라는 기간을 강조하기까지 하고, 그 패턴에 맞지 않으면 그리스도인이 아니라고 말합니다. 그러나 그런 주장에는 그 어떤 성경적 근거도 없습니다.

그런가 하면 빌립보 감옥을 지키던 간수 이야기나 그와 비슷하게 갑자기 회심한 사람의 기록에 주목하는 이들도 있습니다. 그들은 갑작스런 회심이 아니라 18개월간의 뉘우침과 회개를 겪는 사람은 그리스도인이 아니라고 생각합니다. 거듭남은 갑작스럽게 경험하는 사건이어야 한다고 말합니다.

이처럼 점진적인 체험을 말하는 사람도 있고 갑작스러운 체험을 말하는 사람도 있습니다만, 다시 말하는데 신약 성경에서 가르치는 거듭남의 표준화된 체험 양식은 존재하지 않습니다.

우리가 살펴보고 있는 마리아의 경우는 이 부분에서도 많은 것을 가르쳐 줍니다. 그녀의 사례를 허락하신 하나님께 감사합시다. 이 문제를 자세히 다루는 이유는 이 부분에서 어려움을 겪는 누군가에게 위로가 되기를 바라기 때문입니다.

저마다의 속도로 진행되는 여정

마리아에게 무슨 일이 일어났는지 보셨습니까? 천사장이 와서 소식을 전했고, 마리아는 벌떡 일어나 그 소식을 두 손으로 받드는 대신에 망설였습니다. 의문을 표시하고 문제를 제기했습니다.

처음에 마리아는 기쁨을 느끼는 대신 이런 반응

을 보였습니다. "처녀가 그 말을 듣고 놀라 이런 인사가 어찌함인가 생각하매"(눅 1:29). 그녀는 망설였습니다. 천사장은 계속해서 말했지만 그때도 마리아는 그 말을 붙들지 않았습니다.

천사장은 그녀에게서 태어날 놀라운 아이에 관해 말했는데, 이번에도 마리아는 하나님을 찬양하는 대신 천사에게 이렇게 말했습니다. "나는 남자를 알지 못하니 어찌 이 일이 있으리이까?" 그녀의 말은 이런 의미입니다. "황당한 말씀을 하시는군요. 그것은 불가능한 일입니다. 제가 어떻게 아이를 낳습니까? 저는 처녀입니다. 남자를 안 적이 없습니다. 결혼도 안 했단 말입니다." 그녀는 망설였고, 이것이 마리아의 첫 번째 반응이었습니다. 의문을 제기하고 의심했습니다.

그다음 그녀는 두 번째 단계로 넘어갔습니다. 천사장이 그녀의 의심 어린 질문에 답하고 가볍게 꾸짖으며 하나님께 불가능한 것은 없다고 말하자, 마리아는 이렇게 응수했습니다. "주의 여종이오니 말씀대로 내게 이루어지이다"(눅 1:38).

그녀는 의심을 더 확장시키지 않았습니다. 이것을 가리켜 수동적 체념이라 할 수 있습니다. 그녀는 아직 상황을 이해하지 못했지만, 이것이 가능한 일인지 하나님께 의문을 제기했다가 야단을 맞았습니다. 하나님의 전능하심을 제한했다가 꾸중을 들었습니다. 그래서 그녀는 이렇게 말한 것입니다. "제가 틀렸군요. 알겠습니다. 이해가 안 되지만 순복하겠습니다." 그렇게 그녀는 체념의 단계를 지났습니다.

그녀가 상황을 파악한 시점은 세례 요한의 어머니가 될 사촌 엘리사벳의 말을 듣고 나서였습니다. 그리고 상황을 파악한 그 순간, 비로소 그녀는 찬가를 불렀습니다.

그러니까 여기에는 여러 절차와 단계, 장애물과 방해 요인이 있었고, 마리아는 그것들을 극복해야 했습니다. 그 모든 것이 그녀가 겪어야 할 일종의 과정이었던 것입니다. 그녀는 천사장의 메시지를 들었을 때 곧장 "믿습니다. 경이롭습니다"라고 말하지 않았습니다.

이처럼 거듭남 체험이 갑자기 찾아왔는지 서서히 찾아왔는지는 중요하지 않습니다. 중요한 것은 체험을 했느냐 하지 못했느냐입니다.

예전에 들었던 비유를 하나 소개할까 합니다. 어느 나이 지긋한 설교자가 이 비유를 사용했는데 저는 이 비유가 아주 좋았습니다. 그는 이렇게 말했습니다. "두 사람이 여행에 나서 도로를 걷는다고 생각해 보십시오. 한 사람은 가랑비를 맞으며 걷습니다. 가랑비였지만 먼 길을 걸었기 때문에 목적지에 도착했을 때는 몸이 흠뻑 젖었습니다. 다른 사람은 화창한 햇살을 받으며 길을 나섭니다. 처음 세 시간 동안은 밝은 햇살 아래에서 걷습니다. 그런데 목적지가 800미터밖에 안 남았을 때 갑자기 구름이 몰려들고 폭우가 쏟아집니다. 몇 분 만에 그는 폭삭 젖습니다.

두 사람 모두 흠뻑 젖은 상태로 목적지에 도달합니다. 한 사람은 오랜 시간에 걸쳐 젖었고, 다른 사람은 아주 빠르게 갑자기 젖었습니다. 그러나 보시다시피 중요한 것은 갑자기 젖었느냐 서서히 젖었느냐가 아니라 흠뻑 젖었다는 사실입니다."

그러니 그런 문제로 어려움을 겪는 일이 있어서
는 안 될 것입니다. 언제, 어떻게, 어떤 방식이나 방
법인지는 중요하지 않습니다. 중요한 문제는 그런
일이 일어났느냐는 것입니다.

거듭남에 따르는 요소들 。

그렇다면 이 사건에서 배울 수 있는 거듭남 체험
에 따르는 요소들은 무엇일까요? 하나씩 살펴보겠습
니다.

인식

첫 번째 요소는 하나님이 나를 다루셨고 내게 복
주셨다는 인식입니다. 마리아는 이것을 처음부터 밝
힙니다. "(그가) 그의 여종의 비천함을 돌보셨음이라
…… 능하신 이가 큰일을 내게 행하셨으니 그 이름
이 거룩하시며"(눅 1:48-49).

여러분은 다시 이렇게 물을 것입니다. "아, 그런데 이 대목은 마리아가 천사가 말한 아이를 낳게 될 거라는 사실을 가리키는 것 아닙니까?"

물론 그 내용도 들어 있습니다만, 그것이 마리아가 가장 깊이 인식하는 바는 아닙니다. 그녀가 무엇보다 깊이 깨달은 것은 하나님이 그녀에게 무언가를 행하고 계시다는 사실입니다. 바로 이것이 강조할 만한 부분입니다.

그리스도인이 되는 것이 하나님께 생명을 받는 것을 의미한다면, 그리스도인이 되는 것이 거듭나는 것을 의미한다면, 그리스도인이 되는 것이 죽음에서 생명으로, 어둠에서 빛으로 넘어오는 것을 의미한다면, 새로운 피조물과 새로운 존재가 된다는 뜻이라면, 그런 변화가 진행되는 동안 그 사람에게는 무언가 일이 일어나고 있다는 깨달음이 반드시 있어야 하지 않겠습니까?

그것은 사람이 내리는 결단이 아닙니다. 사람이 하는 어떤 일이 아닙니다. 사람이 무언가를 해서 얻는 최종 산물이 아닙니다. 여기서 중요한 것은, 그리스도인이 된 사람은 마리아처럼 '내게 하나님이 어떤 일을 하고 계시다'는 인식을 가진다는 것입니다. 정확히 이해하지는 못해도 '내게 무언가 일이 벌어지고 있다, 내 삶에서 무언가 이루어지고 있다, 동요가 일어나고 있다'는 인식은 있습니다.

이 부분과 관련해 저는 워즈워스가 쓴 표현을 자주 빌려 썼습니다. 워즈워스가 제가 이해한 것과 똑같은 의미로 그 표현을 쓴 것은 아닙니다만, 저는 그 표현을 가져다 쓸 수 있다고 생각합니다. 워즈워스의 문구를 옮겨 보겠습니다. "내 생각을 고양시켜 기쁨으로 나를 흔드는 한 존재를 느꼈다." 바로 이 대목입니다. "한 존재를 느꼈다."

그리스도인이라면 하나님이 나를 다루고 계시고, 내게 관심을 갖고, 보이시고, 무언가 일을 하고 계신다는 의식이 없을 수 없습니다. 하나님이 여러분에게 손을 대십니다. 처음에는 적대적으로 반응할 수 있고, 그것이 싫어 떨쳐 버리고 싶을 수도 있습니다. 또 그런 일은 자주 일어났습니다. 많은 사람들이 그렇게 했습니다. 그러나 여러분이 좋아하든 싫어하든, 무언가가 벌어지고 있다는 사실은 인식합니다. 때로는 하나님을 몰랐다면, 그리스도를 몰랐다면 좋았을 거라는 마음이 들 수도 있습니다. 지금까지 해오던 대로 세상에서 다른 삶을 즐길 수 있기를 바라는 것입니다. 그러나 무언가가 들어왔고, 여러분은 동요하게 되었습니다.

처음에는 이 정도의 느낌이 전부일 수 있습니다. 무언가가 여러분 안에 들어와 여러분을 괴롭히고 있다는 인식과 불편함, 그 정도가 전부일 수 있습니다. 그것을 떨쳐 버릴 수 있으면 좋겠다고 생각하지만 그럴 수가 없습니다. 그것은 여러분의 내면에서 일어나는 일이니까요. 처음에 여러분을 만드신 분이 여러분을 다시 만들고 계십니다. 그분의 손과 손가락이 여러분을 붙들고 빚어내고 있습니다.

마리아는 하나님이 자신을 다루고 계심을 인식했고, 모든 그리스도인이 이와 같습니다. 거기에 맞서 싸우고 발길질하고 저항할 수도 있지만 그 와중에도 줄곧 여러분은 판을 주도하는 것이 여러분이 아니라 무언가 다른 존재임을 압니다. 그래서 저는 기독교에 전투적으로 반대하고 이를 악물고 기독교와 싸우고 기독교를 증오하는 사람을 보면 어떤 의미에서는 기분이 좋아집니다. 자신이 이런저런 선한 삶을 살아서 그리스도인으로 빚어지고 있다고 생각하는 사람보다 그 사람이 더 낫다는 생각이 들 정도입니다.

두 번째 사람의 경우, 하나님이 어떤 일을 하고 계시는지 저는 알 수가 없습니다. 본인이 모든 일을 다 하고 있으니까요. 그는 자신이 하는 모든 일에 하나님께 감사하는 바리새인과 같습니다. 그러나 첫 번째 사람이 기독교에 맞서 싸우고 거세게 저항하는 것을 볼 때면 저는 자주 이런 생각이 듭니다. '하나님이 저 사람에게 무언가 행하고 계시는구나!'

소중한 누군가를 걱정하는 분이 있다면 저는 이런 위로의 말을 전하고 싶습니다. 그 사람이 신앙에서 점점 더 멀어지고 있다는 생각이 드십니까? 그가 기독교에 점점 더 사납게 반대한다고요? 그것은 가장 좋은 징조일 수도 있습니다. 그가 무슨 일을 하고 있습니까? 아, 그는 자신을 다루기 시작한 '능력'을 없애려고 애쓰고 있습니다. 바로 그에게 하나님이 일하고 계신 것입니다. 물론 그 사람은 이해하지 못합니다. 그는 기독교를 좋아하지 않고 지금까지 기독교에 반대해 왔습니다. 그러나 보십시오. 하나님이 그에게 손을 대셨습니다. 기다려 보십시오. 그것은 시작에 불과하니까요.

놀라움

첫 번째 요소에 거의 필연적으로 따라오는 두 번째 요소는 뜻밖의 일과 놀라움입니다. 이것은 마리아의 진술 곳곳에 스며 있습니다. "내 영혼이 주를 찬양하며 내 마음이 하나님 내 구주를 기뻐하였음은 그의 여종의 비천함을 돌보셨음이라 보라 이제 후로는 만세에 나를 복이 있다 일컬으리로다 능하신 이가 큰일을 내게 행하셨으니 그 이름이 거룩하시며"(눅 1:46-49). 뜻밖의 일에 대한 놀라움의 어조가 느껴지지 않습니까? 들리지 않습니까?

저는 다시 한 번 이 부분을 강조하고 부각하고 싶습니다. 마리아는 자신에게 벌어지는 일을 믿을 수가 없었습니다. 너무나 놀라웠습니다. 경탄이 절로 나왔습니다. 무언가 일어나고 있다는 걸 알면서도 믿기가 어려웠습니다. '이런 일이 내게 벌어질 수 있다고? 비천한 내게? 정말 벌어진다고?' 그녀는 자제할 수가 없었습니다. 하나님이 그때까지 그녀를 돌아보셨고 그녀에게 큰일을 행하기로 결정하셨다는 것이 너무나 뜻밖이고 놀라웠기 때문입니다.

저는 이것이 일종의 시금석이라고 느껴집니다. 여러분은 자신에게 놀라고 경이감을 느끼십니까? 물론 그럴 일은 없겠지요. 하지만 하나님이 여러분에게 무슨 일을 행하고 계시다는 것을 깨닫고 나면 달라질 것입니다.

여러분은 대단히 도덕적인 사람일 수 있습니다. 그러나 거기에는 놀라움의 요소가 없습니다. 여러분은 어떤 일을 하기로 결정하고 그 일을 합니다. 지적 흥미와 온갖 것을 가지고 말입니다. 거기에도 여러분을 놀라게 할 만한 것은 없습니다. 여러분은 자의로, 자발적으로 그 일을 하고 있고 자신이 무엇을 하는지 잘 인식하고 있으니까요.

뜻밖의 일과 거기에 대한 놀라움이라는 요소는 하나님이 우리에게 무언가를 행하신다는 인식이 생길 때 비로소 발생합니다. 그런 인식이 들 때만 마리아가 그랬던 것처럼 놀라움으로 가득 찹니다. 그리고 마리아처럼 묻게 됩니다. '이것이 사실일까? 정말일까? 정말로 이 일이 내게 일어나는 건가?'

이 과정이 여러분의 내면에서 시작되는 순간, 엄청난 변화가 일어나는 것을 발견하게 될 것입니다. 한때 여러분은 자신에게 영혼이 있다는 사실을 전혀 생각하지 않고 살았지만, 이제는 영혼이 주된 관심사가 됩니다. 전에는 죽음에 관심이 없었지만, 이제는 죽음을 자주 생각합니다. 한때는 내세와 그 너머의 삶을 무시하고 그런 것들은 병적인 것이어서 떨쳐 버려야 하고 생각도 해서는 안 된다고 여겼지만, 이제는 자꾸만 그 생각이 떠오릅니다.

성경은 여러분에게 세상에서 가장 지루한 책이었습니다. 재미로 성경을 읽는다는 것은 상상도 할 수 없는 일이었습니다. 그러나 이제는 성경을 읽고 싶고 성경을 이해하고 싶은 생각이 듭니다. 이제 성경은 여러분에게 책 중의 책입니다.

기도는 어떻습니까? 전에는 전혀 기도하지 않았습니다. 물론 본인이 많이 아프거나 소중한 누군가가 심하게 아프면 기도했지요. 무언가 끔찍한 사고나 재난이 닥치면 기도했습니다. 전쟁이 날 때도 물론 기도했습니다. 그러나 상황이 잘 굴러갈 때는 꿈에서도 기도하지 않았습니다. 하지만 이제 여러분은 기도가 세상에서 가장 놀랍고 멋진 일임을 깨달았고, 기도에 힘써야 한다는 생각이 밤낮으로 듭니다.

'이런 일이 가능한가? 내가 전과 같은 사람인가? 이게 진짜 나인가? 이건 마치…… 아냐, 그럴 리 없어. 하지만 왜 아니지?' 마리아도 이것을 다 느꼈습니다. 감탄, 신기함, 놀라움.

물론, 신약 기자들 모두에게서 이 요소를 볼 수 있습니다. 전형적 사례라 할 만한 사도 바울을 보십시오. "나는 살아 있으나 내가 사는 것이 아니요"(갈 2:20, KJV). 바울의 말은 이런 뜻입니다. "뭔가 잘못됐어. 나는 살아 있는데 내가 사는 것이 아니야. 나는 다소 사람 사울인데 다소 사람 사울이 아니야. 다소 사람 사울은 신성 모독자, 해로운 사람, 그리스도와 복음을 미워하는 사람이었지. 나는 다소 사람 사울 일 수가 없어. 하지만 나는 다소 사람 사울이야. 내가 그 사람이라는 걸 알아. 나는 동일한 사람이야." 그는 지금 곤경에 처했습니다. 자신을 이해하지 못합니다. "나는 살아 있으나 내가 사는 것이 아니요."

이것이 기독교입니다. 여기 자신에게 깜짝 놀란 사람이 있습니다. 그는 자신을 이해할 수 없습니다. 해결책은 한 가지뿐입니다. "나는 살아 있으나 내가 사는 것이 아니요 그리스도께서 내 안에 사시는 것이라"(갈 2:20, KJV). 그는 자신이 모독하고 증오하고 욕했던 하나님의 아들 주 예수 그리스도께서 자신을 영원한 사랑으로 사랑하셨고, 자신을 위해 죽으셨다는 사실을 무시할 수가 없었습니다. 그는 이렇게 말합니다. "하나님의 아들이 나를 사랑하사 나를 위하여 자기 자신을 버리셨습니다." 그는 그 사실을 무시해 버릴 수가 없었습니다. 절대로!

이것이 바로 그리스도인이 하는 본질적 경험입니다. 찰스 웨슬리는 참으로 그렇다고 말합니다.

주 보혈로 날 사심은

그 뜻이 깊고 크셔라

상하심과 죽으심이

어찌 날 위함이온지

놀라워라 주 사랑이

날 위해 죽으신 사랑.

"이 일이 내게 일어났습니까?" 이것이 마리아가 말한 바입니다. 놀라움, 뜻밖의 일. 여러분은 자신에게 깜짝 놀라십니까? 사도 바울이 성경의 다른 책에서 말한 것처럼 "내가 나 된 것은 하나님의 은혜로 된 것이니"(고전 15:10)라고 말할 수밖에 없으십니까? 저는 이것을 설명할 수 없습니다. 이것이 제가 내놓을 수 있는 유일한 설명입니다. 저는 저를 이해할 수 없고, 너무나 혁명적인 변화를 겪었습니다. 전에 반대하던 것을 이제는 지지합니다. 한때 맹렬히 박해하던 것을 이제는 똑같은 기세로 전파하고 있습니다. 완전한 변화가 일어났습니다. 새로운 피조물, 새사람이 되었습니다. 이 놀라움을 무시할 수 있는 그리스도인은 없습니다.

묵은해를 보내는 이 마지막 주일 저녁에 우리는 작은 무리로 모였습니다. 지금 이 순간 이 설교단에 서서 설교하는 일만큼 제게 놀라운 일이 없다는 말씀을 드리고 싶습니다. 왜 제가 여기 있을까요? 제가 좋은 사람이라서 그렇습니까? 그렇지 않습니다. 제가 결단했기 때문일까요? 그렇지 않습니다. 제가 지금의 제가 된 것은 하나님의 은혜로 된 일입니다. 제가 이처럼 설교하고 있다는 사실이 저는 점점 더 놀랍습니다. 제가 다른 일을 하고 있을 가능성은 얼마든지 있습니다. 저는 결단하지 않았습니다. 오히려 이 일을 하지 않으려고 저항했지요. 이것은 하나님이 하신 일입니다.

왜 그리스도인은 여느 누구와 달라야 할까요? 왜 세상의 방식으로 똑같이 살면 안 될까요? 술 취하고 춤추고 저속한 욕망에 탐닉하면서 살면 왜 안 됩니까? 우리가 더 나은 사람이라서가 아닙니다. 더 뛰어난 이해력을 갖고 있어서가 아닙니다. 우리 안에 있는 어떤 것 때문이 아닙니다. 우리가 지금의 우리가 된 것은 하나님의 은혜 덕분입니다. 놀라운 사실은 우리가 부족한 모습에도 불구하고 그분의 소유라는 것입니다. 하나님이 하신 일입니다. 하나님이 하시는 일입니다. 마리아는 이것을 깨달았던 것입니다.

겸손과 겸비함

이 깨달음은(각 요소가 다음 요소로 어떻게 이어지는지 보십시오) 거듭남 체험의 세 번째 요소인 겸손과 겸비함으로 연결됩니다. "〔그가〕 여종의 비천함을 돌보셨음이라 …… 능하신 이가 큰일을 내게 행하셨으니 그 이름이 거룩하시며"(눅 1:48-49). 당연한 일입니다. 겸손과 겸비를 전혀 찾아볼 수 없는 곳에 기독교는 존재하지 않습니다.

마리아가 이 찬가에서 팔복을 미리 이야기한다고 말씀드렸는데, 그 내용을 기억하실 것입니다. "심령이 가난한 자는 복이 있나니 …… 애통하는 자는 복이 있나니 …… 온유한 자는 복이 있나니 …… 의에 주리고 목마른 자는 복이 있나니"(마 5:3-6). 그들이 그리스도인이요, 이것이 기독교입니다.

그리스도인은 이렇게 느낄 수밖에 없지 않습니까? 굳이 사례를 들 필요도 없습니다. 논증할 것도 없습니다. 마리아는 다음과 같이 인식했습니다. "내 영혼이 주를 찬양하며 내 마음이 하나님 내 구주를 기뻐하였음은"(눅 1:46-47). 그녀는 하나님의 능력의 손길을 느꼈습니다. 천사장은 전능하신 분이 그녀를 덮으시고 하나님의 능력이 그녀에게 임할 거라고 말했고 그녀는 그것을 느꼈습니다. 말하자면 그녀는 하나님을 만졌습니다. 영원한 임재를 느꼈습니다.

여러분이 누구든 무슨 일을 하든, 하나님의 임재와 영광과 위대함과 위엄과 거룩함을 아주 희미하게라도 깨달은 적이 있다면, 여러분은 더없이 겸허해질 것입니다. 여러분은 자신이 형편없고 무가치하다고 느낄 것입니다. 이것이 겸손, 겸비함입니다.

마리아는 어떤 식으로도 자신을 뽐내지 않았습니다. 그리스도인은 결코 자신의 행위를 자랑하지 않고 자신의 활동을 자랑하지 않습니다. 자신의 도덕을 자랑하지 않고, 자신의 기도를 자랑하지 않으며, 자신의 이해력을 자랑하지 않습니다. 그리스도인이 그 무엇보다 깊이 의식하는 것은 자신의 철저하고 완전한 무가치함입니다. 우리 모두 이와 같이 생각해야 합니다.

엘리사벳은 이것을 느꼈습니다. 그녀는 성령으로 충만하여 큰 소리로 말했습니다. "여자 중에 네가 복이 있으며 네 태중의 아이도 복이 있도다 내 주의 어머니가 내게 나아오니 이 어찌 된 일인가"(눅 1:42-43). 마리아도 정확히 똑같은 것을 느꼈습니다.

하나님이 가까이 계시고, 우리가 그분의 임재 앞에 있고, 그분의 속성이 무엇인지 깨닫는 순간 우리는 온통 벌거벗고 죄악되고 불의하고 무가치한 자신의 모습을 있는 그대로 보게 됩니다. 이사야는 아주 선한 사람이었지만 환상을 통해 하나님을 언뜻 보고는 즉시 이렇게 말했습니다. "화로다 나여 망하게 되었도다 나는 입술이 부정한 사람이요 나는 입술이 부정한 백성 중에 거주하면서"(사 6:5).

대담하고 자신감이 넘치고 자기만족에 빠진 제자 시몬 베드로도 같은 말을 했습니다. 베드로는 무모한 사람, 언제나 겁 없이 나서고 뭐든지 자원하는 사람이었습니다. 그런데 한번은 그가 다른 이들과 함께 고기잡이를 나갔다가 아무것도 잡지 못한 적이 있었습니다. 그때 우리 주님이 그들에게 명령하셨고 그들이 명령대로 따르자 감당할 수 없을 만큼 많은 물고기가 잡혔습니다.

그 일이 시몬 베드로에게 끼친 영향을 기억하십니까? 그는 우리 주님께 가서 이렇게 말했습니다. "주여 나를 떠나소서 나는 죄인이로소이다"(눅 5:8). 무엇 때문에 그는 자신이 죄악되고 비천하다고 느꼈을까요? 그는 거기서 하나님의 아들이신 주 예수 그리스도의 전능하심, 신적 능력이 나타나는 것을 보았고 그 순간 자신이 천하고 무가치하다고 느꼈던 것입니다.

저는 사람들이 자신의 무가치함과 죄악됨, 약함, 무력함을 어느 정도 알아보지 못한다면 스스로를 그리스도인으로 여길 자격이 없다고 생각합니다. 스스로의 힘으로 그리스도인이 될 수 있다고 생각하는 이들은 그리스도인이 아니라고 확신합니다. 그러나 자신의 무가치함을 인식하는 사람들, "오, 제 마음을 아신다면, 제 생각과 상상하는 바를 아신다면, 제 내면이 어떤지 아신다면 저를 그리스도인으로 여기실 수 없을 겁니다"라고 고백하는 사람들에게는 큰 희망이 있다고 봅니다.

자신이 용서받을 자격이 있다고 느낀다면 용서받은 사람이 아닐 겁니다. 자신이 하나님의 복을 받을 자격이 있다고 생각하는 사람이라면 하나님의 복을 받지 못한 상태라고 저는 확신합니다.

그리스도인에게는 "나는 이런 것을 받아야 마땅해!"라고 생각하는 이들과는 다른 자세가 있습니다. 겸손하고, 자신은 무가치함을 스스로 깨달아 아는 것입니다. 하나님의 용서와 복이 우리의 비참함과 악함에도 불구하고 하나님이 주시는 선물이라는 인식이 있습니다. 다시 한 번 찰스 웨슬리의 고백을 돌아봅시다.

주의 이름 의롭고 거룩하시니
나는 완전히 의로워졌네
나는 죄와 악함이 가득하게 찼으나

예수께는 진리와 은혜 충만하도다.

감사

거듭나는 체험의 네 번째 요소는 당연하게도 감사와 찬양입니다. "내 영혼이 주를 찬양하며"(눅 1:46).

내 영혼아 찬양하라

주님 앞에 엎드려

구속하신 넓은 은혜

높이 찬양하라

내 영혼아 찬양하라

영원하신 하나님.

— 헨리 프랜시스 라이트

사랑하는 교우 여러분, 여러분 안에 하나님께 감사하는 마음이 있습니까? 마음 어딘가에 희미한 찬양이 있습니까? 하나님을 찬양하고 그분의 은혜를 드높이고자 하는 마음이 있습니까? 그런 마음을 조금도 느끼지 못하고 그리스도인이 되는 일이 가능할까요?

자신의 죄를 용서받았다고 믿으십니까? 자신의
영혼이 구속救贖받았다고 믿으십니까? 자신이 새로운
본성을 갖게 되었다고 말할 수 있습니까? 복된 소망
이 하늘에서 하나님과 함께 여러분을 기다리고 있다
고 말할 수 있으십니까? 이 모든 것을 믿으십니까?

나사렛 예수, 베들레헴에서 난 아기가 실제로 하
나님의 아들이었음을 정말 믿으십니까? 성육신을 정
말 믿으십니까? "하나님이 세상을 이처럼 사랑하사
독생자를 주셨"고(요 3:16), 그것도 처녀의 태에 보내
셨으며, 마구간에 아기로 태어나 구유에 놓이게 하
셨다는 것을 정말 믿으십니까?

하나님이 여러분을 너무나 사랑하셔서 독생자를
보내셨을 뿐 아니라, 갈보리 언덕 십자가에서 죽게
하고 여러분의 죄를 짊어지게 하고 그 죄의 형벌을
대신 받게 하신 것을 믿으십니까?

그로 인해 여러분이 죄 사함과 용서를 받고 하나
님과 화해하고 영생을 얻게 된 것을 믿으십니까? 그
것을 정말로 믿으십니까? 그것을 믿으면서 감사와

찬양과 고마운 마음을 느끼지 못할 수가 있을까요?

여러분 안에 이 감사가 약간이라도 있습니까? 그렇다면 기운을 내십시오. 감사하는 마음이 희미하게라도 있습니까? 그렇다면 소망이 있습니다.

그러나 이런 복된 사실들을 생각하고, 성탄이라는 사건, 성육신과 이어지는 모든 일을 깊이 묵상하고도 여러분이 완전히 무심하다면, 철학적·지적 객관성을 유지할 수 있다면, 마음이 조금도 움직이지 않는다면, 냉담해지고 굳어진 마음을 깨는 부드러움이 조금도 생기지 않는다면, 과연 여러분이 그리스도인이라 할 수 있을까요?

하나님이 무슨 일을 하고 계시고 지금 어떤 일이 벌어지는지 깨닫는 사람은 이렇게 말합니다. "내 영혼이 주님을 찬양합니다. 내 마음이 내 구주 하나님을 기뻐합니다."

두려움

다음 요소는 두려움입니다. 마리아는 이렇게 말합니다. "긍휼하심이 〔그를〕 두려워하는 자에게 대대로 이르는도다"(눅 1:50). 이것은 비겁한 두려움이 아닙니다. 지옥에 대한 두려움이 아닙니다. 처벌에 대한 두려움이 아닙니다. 히브리서 기자는 이것을 가리켜 "경외함과 경건한 두려움"(히 12:28, KJV)이라고 불렀습니다. 다시 말해, 이것은 제가 지금까지 말해 온 하나님에 대한 인식입니다. 이것은 아주 좋은 시금석입니다. 세상 사람들, 그리스도인이 아닌 사람들은 주님에 대한 두려움을 전혀 모릅니다.

여기서 여러분에게 도움을 드리고자 믿을 만하고 위안이 되는 점검법을 소개하겠습니다. 여러분이 어디에서 무엇을 하든 하나님의 눈이 자신을 바라보고 있다는 의식이 있다면 소망이 있습니다.

그리스도인들은 하나님을 두려워하며 살아가는 사람들입니다. 이렇게 말하는 이들입니다. "중요한 것은 다른 사람들이 아닙니다. 나도 아니고요. 나는 하나님의 눈이 나를 바라보고 있고 내가 늘 하나님 아래에 있음을 압니다. 하나님은 나를 항상 바라보시고 나는 그분을 벗어날 수 없어요. 나는 주의 긍휼하심이 주를 두려워하는 자에게 대대로 이르는 것을 압니다."

이것은 건강하고 소망에 찬 두려움입니다. 이것이 바로 사도 바울이 했던 다음 말씀이 의미하는 바입니다. "두렵고 떨림으로 너희 구원을 이루라 너희 안에서 행하시는 이는 하나님이시니 자기의 기쁘신 뜻을 위하여 너희에게 소원을 두고 행하게 하시나니"(빌 2:12-13).

이런 의미의 두려움과 떨림을 알 수 있는 사람은 그리스도인뿐입니다. 다른 이들은 그것을 전혀 모릅니다. 전형적인 '세상 사람'을 생각해 보십시오. 라디오와 텔레비전에서 칭찬을 받는 사람, 식객, 술꾼, 노름꾼, 성性에 탐닉하는 사람입니다. 이들은 여기서 말한 두려움과 떨림이 무엇인지 아무것도 모릅니다. 하지만 이들은 알게 될 것입니다. 그 상태로 죽는다면 영원히 알게 될 것입니다. 그러나 지금은 아무것도 모릅니다.

그리스도인들은 그 두려움을 압니다. 그 두려움은 사람들이 사랑하는 누군가에게 상처를 줄까 봐 염려할 때 느끼는 감정입니다. 그럴 때 느끼는 두려움입니다. 법에 대한 두려움이 아니라, 사랑에서 나온 두려움입니다. 사랑하는 이를 다치게 하거나 상처 주는 것에 대한 두려움, 사랑하는 이를 실망시키는 것에 대한 두려움과 떨림입니다.

하나님의 존재, 거룩, 위엄, 영광, 위대함과 영원을 어느 정도 깨달을 때 생기는 두려움입니다. 그리스도인들은 자신이 항상 하나님의 임재 앞에 있음을 압니다. 그런 사람은 신중하게 행합니다. 조심스럽게 행합니다. 주님을 두려워하며 삽니다.

기쁨

마지막으로, 그리스도인은 주 예수 그리스도를 기뻐하는 사람입니다. 마리아는 자신이 낳을 아이가 하나님의 아들이라는 것을 알게 되었습니다. 그녀는 "만세에 나를 복이 있다 일컬으리로다"(눅 1:48)라고 말했습니다. "모든 사람 중에서 내가 하나님의 아들의 어머니가 되는 헤아릴 수 없는 특권을 누리도록 선택받았다. 천사장이 내게 말해 준 대로, 내 태중에서 날 아이는 하나님의 아들이다." 그리고 그녀는 기대하면서 그를 기뻐하고 즐거워했습니다.

우리가 그리스도인인지 아닌지 확인할 최종 시험대는 "우리의 모든 소망이 하나님의 아들 주 예수 그리스도를 중심으로 하고 있는가?" 하는 질문입니다.

이슬람교도와 유대교 신자들도 하나님을 믿습니다. 그러나 그리스도인은 하나님을 믿되 그리스도를 통해서 믿는다는 점이 다릅니다. 그리스도만이 우리를 하나님께 이끄실 수 있음을 아는 것입니다. 그리스도만이 우리를 하나님과 화해시키실 수 있음을 아는 것입니다. 그리스도만이 우리에게 새로운 본성을 주시고 "하나님의 본성에 참여하는 자"(벧후 1:4, KJV)가 되게 하십니다. 그리스도인은 하나님을 기뻐합니다.

사도 베드로는 이렇게 썼습니다. "예수를 너희가 보지 못하였으나 사랑하는도다 이제도 보지 못하나 믿고 말할 수 없는 영광스러운 즐거움으로 기뻐하니"(벧전 1:8).

여러분은 다음과 같이 말할 수 있으십니까?

나는 그분만 믿습니다.

나의 허물을 속죄하시고자 죽으신 그분만.

여러분은 사도 바울과 더불어 이렇게 말할 수 있으십니까? "내게는 우리 주 예수 그리스도의 십자가 외에 결코 자랑할 것이 없으니 그리스도로 말미암아 세상이 나를 대하여 십자가에 못 박히고 내가 또한 세상을 대하여 그러하니라"(갈 6:14).

"나는 그리스도의 십자가를 자랑한다"고 말할 수 있으십니까? 그것을 자랑거리로 여기십니까? 전적으로 그분만을 기뻐하십니까?

이런 것들이 모두 거듭남을 체험할 때 따르는 요소들입니다. 마리아는 이 요소들을 인식했습니다. 그리스도인이 되는 모든 사람도 이와 똑같은 인식이 있어야 합니다.

혼란스러운 모습 그대로 나아가라.

이제 마지막 격려의 말로 설교를 마치고자 합니다. 지금 여러분 마음에 번민이 일어난다면, 제 설교 때문에 불행해졌다면, 제가 제시한 점검용 질문들에 대답하기가 어렵다고 느껴진다면, 이 말씀을 드리고 싶습니다. 혹시 여러분이 마리아가 보인 첫 번째 반응에 머물러 있기 때문에 마음이 힘든 건 아닐까요?

세상 기준을 버리고

여러분은 세상이 아는 모든 것과 전혀 다른 영역에 자신이 놓여 있음을 아직 깨닫지 못한 상태가 아닐까요? 여러분은 지금 영적 영역에 있습니다. 마리아가 망설였던 이유는 자신에게 말을 거는 존재가 천사장이라는 것과 그가 기적과 하나님의 일, 초자연적인 일, 영적인 영역에 관해 말하고 있음을 깨닫지 못했기 때문입니다. 그녀는 그래서 망설였고 상황을 이해하려고 노력했습니다.

그래서 저는 여러분의 번민도 그와 같은 것이 아닌지 생각해 봅니다. 여러분이 일할 때 또는 직장에서 쓰는 기준을 여기에 들이밀지 마십시오. 도움이 안 될 것입니다. 아무 가치가 없을 것입니다. 사도 바울의 말처럼 그리스도께서 이 세상에 오셨을 때 "이 세대의 통치자들"은 그분을 알아보지 못했습니다. 그들은 위인들, 철학자들, 대단한 사람들이었지만 그분이 누구인지 몰랐습니다. "만일 알았더라면 영광의 주를 십자가에 못 박지 아니하였"을 테니까요(고전 2:8).

왜 몰랐을까요? 그들은 그분을 이해해 보려 했지만 이해할 수 없었기 때문입니다. 이것은 하나님이 하시는 일입니다. 하나님이 자기 아들을 보내시고 성령으로 그 일을 하십니다. 여러분의 모든 사고 범주를 버리십시오. 여러분이 새롭고 다른 영역, 영적 영역에 있음을 깨달으십시오.

신비의 영역은 신비로 남겨 둘 것

그리고 신비의 영역을 애써 이해하려는 시도를

포기하십시오. 여러분은 결코 이해하지 못할 것입니다. "크도다 경건의 비밀이여"(딤전 3:16). 그리스도는 영원한 신비입니다. 한 인격 안의 두 본성. 여러분은 그것을 절대 이해할 수 없습니다. 시도하지 마십시오. 어리석은 사람이 되지 마십시오. 거듭남? 물론 그것도 이해할 수 없습니다. 그것은 하나님의 신비요, 바람과 같습니다. 이해하려 들지 마십시오.

그러면 무엇을 해야 합니까? 마리아의 본을 따르십시오. 당혹스러울 수 있습니다만, 어쨌든 이것이 여러분이 하는 일이 아니라 하나님이 하시는 일임을 이제 알게 되었다면, 마리아를 따라 "주님, 좋습니다. 계속하십시오"라고 고백하십시오. "주의 여종이오니 말씀대로 내게 이루어지이다"(눅 1:38).

이해가 안 되고 당혹스럽고 어리둥절하고 혼란스러운 상태 그대로 나아가십시오. 하나님이 여러분의 삶에서 무언가를 시작하셨다는 사실을 인식한다면, 신비의 영역을 애써 이해하려는 시도를 멈추고 그냥 그분을 바라보고 이렇게 고백하십시오. "계속하소서. 계속하소서. 저는 순복합니다."

하나님께서 계속 말씀하시게 맡기십시오. 계속 행하시도록 맡기십시오. 그리고 그분이 여러분에게 말씀하시는 바를 행하십시오. 마음에 느껴지는 대로 순종하십시오. 계속하십시오. 하나님이 여러분을 상대로 일하기 시작하셨다면 그 일을 포기하지 않으실 것입니다. 그분은 엘리사벳 같은 사람이 여러분에게 무언가 말할 지점으로 이끄실 것이고, 그때 여러분은 자신이 거듭났음을 알게 될 것입니다.

여러분은 스스로에게 놀랄 것입니다. 크게 화들짝 놀랄 것입니다. 여러분은 겸허해지고 자신이 초라하다고 느끼게 될 것입니다. 그러나 그것을 기뻐하고 즐거워할 것입니다. 여러분은 하나님을 찬양할 것이고 하나님이 더없이 사랑하시는 독생자께 모든 영광을 돌리게 될 것입니다.

"그는 근본 하나님의 본체시나 하나님과 동등됨을 취할 것으로 여기지 아니하시고 오히려 자기를 비워 종의 형체를 가지사 사람들과 같이 되셨고"(빌 2:6-7).

그분은 베들레헴의 한 아기로 태어나셨고 구유

에 누이셨고 여러분을 위해 십자가, 그 죽음의 자리로 기꺼이 가셨습니다. 여러분은 그분께 모든 영광을 돌리고 이렇게 말할 것입니다. "참으로 놀랍게도, 내가 나 된 것은 하나님의 은혜로 된 것입니다."

말할 수 없는 선물을 주신 하나님께 감사합시다.